바위취가 엿들은 말

현대수필가100인선 II·77

바위취가 엿들은 말

한경선 수필선

수필과비평사 · 좋은수필사

■책머리에

　수필은 누구나 부담 없이 읽고, 마음만 먹으면 직접 쓸 수도 있는 가장 친근한 문학이다. 다른 영역의 문학이 영상매체에 밀려 신음하고 있는 중에도 수필 인구만은 날로 증가하여 바야흐로 수필 전성시대를 구가하고 있는 이유도 거기에 있을 것이다.

　시대적 추세에 힘입어 수많은 수필전문지, 수필동인지가 창간되고, 이에 비례하여 신진 수필가도 날로 늘어나다 보니 이제는 그 많은 작가, 그 많은 작품 중에서 문학성 높은 작품을 가려 읽는 일이 쉽지 않게 되었다. 이런 현상은 작가에게나 독자에게나 결코 바람직한 일이 아니다. 더 나아가서는 수필을 연구하는 후세들에게도 큰 부담이 될 것이다.

　이런 문제를 해결하는 데는 출판인도 마땅히 한몫을 감당해야 한다는 평소의 소신에 따라, 본사가 기꺼이 그 역할을 맡기로 했다. 그 첫 번째 사업으로 시대를 대표할 만한 수필가 100인을 선정하고, 작가가 자선한 40편 내외의 작품을 수록한 문고본을 발간하여 이를 널리 보급함으로써 그 소임을 다하고자 한다.

　본사는 사명감을 가지고 이 사업을 추진해 나가기로 했다. 작가 선정을 전담할 편집위원회를 구성하고 전권을 위임하여 일체의 사적인 정실이나 청탁을 배제함으로써 전문성과 공정성을 확보해 나갈 것이다.

　따라서 이 기획물 속에는 작가의 문학정신뿐만 아니라, 본사의 문학사적 기여 의지와 편집위원 제위의 수필문학에 대한 애정과 문인으로서의 양심이 함께 담겨 있음을 자부한다. 다만, 작가를 선정하는 기준에는 많은 견해의 차이가 있을 수 있고, 선정 과정에서도 미처 챙기지 못한 부분이 있을 것이라는 사실만은 인정하지 않을 수 없다. 이 점에 대해서는 관계자 여러분의 양해 있으시기 바란다.

이 시리즈의 발간 순서는 작가, 또는 본사의 사정에 의한 것일 뿐 그 밖의 어떤 기준도 적용하지 않았음을 밝힌다.

본 기획물이 시대를 초월한 많은 수필 애호가들의 관심과 애정 속에 우리나라 수필문학 발전에 한 이정표가 되기를 바랄 뿐이다.

본사에서는 이상과 같은 취지로 『현대수필가 100인선』 전 100권을 완간하여 큰 반향을 불러일으킨 바 있다.

그러나 우리 수필문단의 규모나 수필문학의 수준에 비추어 선정 작가를 100인으로 한정하는 것은 형평성이나 효율성 면에서 크게 부족하다는 의견이 많았고, 본사 또한 이를 통감하던 터라 기꺼이 『현대수필가 100인선 Ⅱ』를 발간하기로 했다.

본사의 충정에 찬동하여 출판에 응해주신 저자 여러분에게 감사한다.

2015년 9월

수필과비평·좋은수필 발행인 서정환
현대수필가 100인선 간행 편집위원 박재식 최병호
정진권 강호형
오세윤

| **차례** | 현 대 수 필 가 1 0 0 인 선 Ⅱ · 77

1_부

- 바위취가 엿들은 말 · 12
- 그땐 그랬다 · 16
- 가을이 익는 강 · 20
- 도깨비 이야기 하나 더 · 23
- 눈 내리는 날 · 26
- 2월에 쓴 편시 · 29
- 옛날 옛날에 · 31
- 도무지 알 수 없는 한 가지 · 35
- 그리운 것들은 화석이 되어 · 40
- 농부와 아내 · 44
- 가을 모기 · 48
- 경계 너머에 피는 꽃 · 52

2_부

빈들에 서 있는 지게 하나 • 58
조롱박 종소리 • 63
별이 산다네 • 66
더듬이 • 70
잊혀가는 것들을 부른다 • 74
불퉁지 버무리던 날 • 78
소년 • 82
개밥바라기별 뜰 때 • 86
꿈 • 89
거미 • 93
몸짓 새기는 일 • 97
인연 • 100

3_부

참새가 그리운 아침 • 104
내 이름에 물 대기 • 108
그 길 • 111
이팝꽃 피는 언덕 • 115
꽃맞이 • 119
단봉낙타 • 122
마당 넓은 집 • 126
파키라의 별 • 130
복숭아 먹는 법 • 133
빵 굽는 아침 • 137
남자를 스캔하다 • 141

4_부

겨울 다리목 • 146
쑥국을 끓이면서 • 150
새우눈 • 152
치명적인 오류 • 156
글 숲을 거닐며 • 159
깊고 푸른 봄 • 163
내 푸른 나이 • 167
어떤 길 • 171
전설 • 175
보따리 사랑 • 178
진명이와 고양이 • 182
이상하고 아름다운 세상 • 185

■ 작가연보 • 188

바위취가 엿들은 말
그땐 그랬다
가을이 익는 강
도깨비 이야기 하나 더
눈 내리는 날
2월에 쓴 편지
옛날 옛날에
도무지 알 수 없는 한 가지
그리운 것들은 화석이 되어
농부와 아내
가을 모기
경계 너머에 피는 꽃

바위취가 엿들은 말

 물낯이 맑아서 하늘이 앉았다. 바람도 피해 간 우물이 고요하다. 산속에 숨어 있어서 아직까지 남아 있는 우물이다. 얕은 우물은 속이 환히 보여서 편안하다.
 주르륵 두레박줄이 손바닥을 타고 내 안의 우물 속으로 미끄러진다. 유물처럼 남아 있는 우물을 두레박이 깨우자 출렁하며 잠을 깬다. 손바닥에 열기가 짧게 스칠 때쯤 텅 하고 두레박이 물에 닿는다. 그 순간 긴장하고 있다가 손에 힘을 주어 기억의 줄 끝을 붙잡는다. 깊이를 알 수 없는 우물 안에서 아찔한 두려움이 훅 끼친다. 어렸을 때 우물을 들여다보는 일은 무서웠다. 깊이를 알 수 없는 어두운 우물 끝에 설핏 비치는 하늘 조각은 어지럼증을 일으켰다.
 큰 정자나무 가까이 앞가르마 반듯하게 타서 쪽을 찐 큰고모가 살았다. 순해 보이지 않는 눈썹을 가진 고모, 고모 집 마당은 나무 그늘이 깊었다. 어머니는 무슨 일이 있으면 살갑지도 않은 큰고모를 찾았다. 어느 날 한쪽 눈이 빨갛게 충혈되었을 때, 엄마는 큰고모에게 나를 데리고 갔다. 이른 아침이었다. 우물가 장독대에 서서 떠오르는 해를 바라보라고 했다. 내 등 뒤에서 고모는 붉은 팥으로 감은 눈을 비비며 무슨 주문 같은 것을 중얼거렸다. 그 의식은 경건하기도 했지만 어린 내 눈에 큰고모가 마치 무당이나 되는 것처럼 이상하게 보였다.

사촌오빠가 달걀귀신 이야기를 해주던 마루 앞에 있던 우물이었다. 얼굴이 없다는 귀신의 모습을 상상하며 새파랗게 질리곤 했는데, 그럴수록 오빠는 목소리를 무겁게 깔고 얼굴을 일그러뜨리며 길게 이야기를 늘여갔다. 그런 날 들여다본 우물은 더욱 깊었다. 축축한 우물 벽엔 푸른 소름이 돋은 이끼가 보였고, 돌 틈 바위취 몇 잎이 은하수 너머 이야기에 귀를 기울이고 있었다.

방학이면 달려가곤 했던 고모 집, 시래기 지져서 차려준 밥은 편해서 맛있었다. 고향엔 큰고모 말고도 작은집과 고모 집이 더 있었다. 사촌들과 어울려 노느라 정신없다가도 한 번쯤은 들러서 돌아가실 때까지 쪽찐 머리를 그대로 하고 있던 큰고모를 뵀다. 아버지를 여의고 처음 맞은 방학 때, 깊은 마당을 들어서는 나를 부둥켜안고 고모가 울었다.

차는 서두르지 않고 날렵한 꼬리지느러미를 조용히 움직였다. 뿌연 물살이 잠깐씩 길을 열고 닫았다. 눈을 감았다. 설렌다는 말로 표현하기엔 좀 무겁고 아린 느낌이 들뜬 감정을 지그시 눌렀다.

태어난 강을 떠나 바다로 갔다가 다시 그 강으로 돌아오는 연어처럼 기억 깊은 곳에 넣어 둔 고향의 물맛과 냄새를 더듬으며 강을 찾아들었다. 눈도 채 뜨지 못했던 어린 시절에 떠난 고향을 둘러보며 '내 어머니의 강은 참 아름다운 곳이구나.' 비로소 편안한 숨을 내쉬었다.

오랫동안 세상 바다를 떠돌았다. 낯선 곳 구석에서 웅크리고 있기도 하고 용기를 내어 지느러미에 힘을 주고 헤엄쳐 보기도 했다. 부딪치고 상처를 입을수록 멀리서 고향을 바라보기만 할 뿐 다가서지 못했다. 그곳에 가면 상처가 아물 것 같기도 했지만 고향은 상처 난 모습으로 돌아가면 안 된다는 생각에 매몰차게 돌아서 있었다.

높은 다리를 놓아 산꼭대기를 이어 놓은 길을 따라갔다. 안개 속에서 하늘과 산머리만 흐릿하게 보이는 고개를 넘어 고향 냇물에 닿았다. 작은 웅덩이를 파서 땅 짚고 헤엄치던 냇물, 해 저물면 냇물 가로 까맣게 모이던 다슬기. 물놀이하다가 방천 둑을 오르면 몇 아름 되는 정자나무가 있었다. 나무는 속이 텅 비어 있어서 아이들의 또 다른 놀이터가 되었다. 나무는 해마다 속없이 푸른 잎을 피워 그늘도 내주었다.

여기쯤이었지, 아마. 정자나무도, 큰고모집도, 우물도 바위취 따라 은하수 너머로 갔나. 모두 사라진 넓은 길 위로 아무것도 모르는 차들만 오고갔다. 고향 냇물의 시원이야 따로 있겠지만 내 마음속 냇물을 따라 올라가면 정자나무 그늘이 앉던 곳, 고모 집 우물에 가 닿는다. 마음속 우물을 들여다보면 지워진 줄 알았던 기억의 조각들이 흐린 빛줄기를 타고 한 켜씩 일어난다. 우물 속에서 자라던 바위취가 내 가슴 벽에서 귀를 쫑긋 세운다.

그땐 그랬다

 도시 물을 먹다가 고향 마을에 들어서면 휑한 바람이 먼저 와 나를 맞는다. 이십 년 가까이 들녘을 뒹구는 바람 자락을 묻히며 살던 곳이다. 그때만 해도 작은 산골 마을과 도시로 나가는 길이 모이고 나뉘는 곳이어서 제법 사람 사는 냄새가 났다. 면소재지를 가로지르는 큰길 가까운 곳에 장이 섰다. 가건물이 듬성듬성 있는 장터 가엔 일본식 건물이 아직도 남아 있다. 그 어둑한 골목 어귀에서 인민군이 사람을 많이 죽였다고, 어른들이 목소리 낮춰 이야기하는 것을 들은 적이 있다. 나는 일부러 그 길을 피해 다녔다.

 온갖 이야기들이 묻힌 장터에서 오일장이 서는 날엔 자전거와 차와 사람이 뒤섞여 술렁거렸다. 막걸릿집이나 국밥집에선 호기 어린 목소리도 가끔 들렸고 약장수가 펼치는 굿을 보려고 사람들이 모여들 때, 맨 뒤에 서면 까치발을 해도 구경꾼들 머리만 보이곤 했다. 장을 돌며 난전을 펼치던 건어물장수가 집을 샀네, 가게를 냈네 하는 소문이 돌던 때였으니 시골 동네지만 그래도 훈기가 돌았던 모양이다.

장터 옆 냇물 건너 집이 있었다. 우리 집은 한우를 키우면서 특용작물 재배를 했다. 직장생활을 접고 고향으로 내려온 남편은 농촌을 지켜나갈 유망한 젊은이로 주목받았다. 그가 시골로 내려올 때는 소를 키워 사업자금을 마련해서 다시 도시로 나가겠다는 꿍꿍이속이 있었다. 막상 시골살이를 하다 보니 살림 규모는 커지고, 한편으로 농촌 생활에 적응을 하며 설계도를 점점 넓게 고쳐갔던 것이다.

시아버지는 술만 드시면 제발 이 집에서 나가라고, 농촌을 떠나라고 고함을 지르셨다. 그분은 농촌의 몰락을 예견하셨던 것일까. 그것보다 도시에서 괜찮은 직장을 다니던 큰아들이 못난 모습으로 시골에 와서 주저앉으려는 것이 몹시 자존심 상하셨을 것이다. 시어머니는 수십 번도 더 내게 푸념하셨다. 아들이 학교 다닐 때부터 '너는 부디 나처럼 시골에서 일해 먹고 살지 말라.' 했노라고.

한때 우리는 논밭이 늘어가는 뿌듯함을 맛보았다. 암소가 새끼 낳는 것을 숨 죽여 지켜보다가 갓 태어난 송아지가 비척거리며 일어나 어미소의 젖을 빠는 모습이 얼마나 보기 좋았는지 모른다. 송아지 주둥이에 남편이 입을 대고 얇은 막이나 분비물을 빼는 모습을 볼 때도 괜히 코끝이 찡하곤 했다. 소가 점점 많아져 새 외양간 지을 즐거운 고민도 했다.

그랬다. 그땐 농촌에 젊음을 심으면 땀방울 흘린 만큼 알찬 열매를 맺을 것이라는 꿈을 꾸었다. 얼마 못 가서 농촌이 무너져 내릴 것이라고는 생각도 못했다. 남편이 호주·뉴질랜드를 다녀와서 소 키우는 일을 불안해 했다. 설계해 놓은 자신의 미래를 믿지 못하고 허둥댔다. 무엇을 새로 시작하기에도 늦은 나이였다.

곧 외환위기가 밀려왔고 하필 그때 남편 친구는 빌려간 돈을 갚지 않았다. 늘어난 소 사룟값이 부담으로 안겨왔다. 우리는 소를 팔고 논밭을 팔아 빚을 정리했다. 부모님과 같이 농촌에 살면서 아이들 키울 생각만 하던 나는 얼떨결에 농촌과 농사를 던지고 도시를 떠돌았다. 돌아가신 아버지는 아들이 농촌을 떠나서 다행이라고 생각하실지……

우리가 고향을 떠날 무렵 이웃의 젊은 사람들도 아이들을 데리고 하나둘 도시로 떠났다. 지금 고향 마을엔 풀이 마당을 지키는 빈집이 늘고, 그나마 남은 집을 노인들이 지킨다. 담장이 허물어져도 고치지 않고 골목엔 힘없는 햇빛이 졸다 간다.

남아 있는 밭떼기에 무언가를 심고 아침저녁으로 둘러보던 어머니가 열 번은 쉬어야 닿는 참샘밭에 갈 수 없어서 텃밭에 푸성귀를 가꾼다. 푸른 것들이 힘없는 어머니의 손을 기다린다. 고랑 진 주름 타고 흐른 땀을 받는다. 때맞춰 갖다 주지도 가져가지도 못하는 자식 생각하며 쓰다듬는 텃밭, 어머니 혼잣말 듣고 자란 무는 속이 꽉 찼다.

"며칠 전 꿈에 시퍼렇게 넘실대는 강물을 건너라기에 난 못 가요. 무서워서 못 건너것소. 했더니 어느 청년이 눈을 꼭 감고 있으라며 업어서 건네주더라."

"어머니, 어머니 하늘나라 가실 때 편히 가실랑가 봐요. 그렇게 덩실 옮겨 가실라고 그런 꿈을 꾸셨나 봐요."

"그라믄 얼매나 좋것냐."

어머니 이야기를 들으며 건너다본 보리밭 물결이 울렁거렸다. 장다리꽃 위로 흰나비가 너울너울 춤을 추던 그땐 봄이었다.

가을이 익는 강

가을에는 강물도 여문다. 얼음 밑에서 돌돌거리던 물소리가 여름을 건너며 우렁차게 변하더니, 가을이 되자 다시금 잦아들고 있다. 가을 강물은 눈부시게 빛나지만 화려하지 않다. 깊고 힘찬 가슴으로 푸른 계절을 보듬어내고는 이제 잔잔하고 서늘한 계절을 담기에 적당한 얼굴을 하고 있다. 물비늘도 드세지 않아서 사색하는 듯 느리고 고요하다. 사람의 욕심이 닿지 않은 강물은 얼마나 투명한가.

마른 풀이 시름없이 강가에 주저앉아 있다. 간혹 보이는 왜가리 긴 목이 한 폭 그림을 장식한다. 길가에 수크령이 수북한데 한가로이 풀을 뜯던 눈빛 착한 누렁 소는 한 마리도 보이지 않는다. 긴 꽃대만 심심해서 바람에 몸을 흔든다. 순박하고 맑아서 눈물이 고여 있는 듯한 구절초 하얀 꽃과 이리저리 헝클어져 피어있는 쑥부쟁이가 가을을 채색하고 있다.

　어른들만 모인 조용한 자리에 어린아이가 깔깔 웃으며 와락 뛰어드는 것처럼 황국 한 무더기가 풍경 속으로 들어온다. 샛노란 빛이 가을과 어울리지 않을 것 같으면서도 잘 어울린다. 진한 향기에 이끌려왔다가 노란색에 멀미가 났는지 벌이 꽃 위에서 잉잉거린다.

　나무들도 제각각 크기와 색깔이 다른 열매를 매달고 있다. 따 줄 사람이 없어 감을 그대로 매단 감나무가 스산한 마을을 등불처럼 밝혀준다. 옷깃에 스치는 붉은 찔레 열매도 좋지만 보라색 작은 구슬이 조랑조랑 열린 작살나무는 이 세상의 것이 아닌 듯 신비롭다. 눈비 맞고 견디며 살아낸 끝에 나무들은 보석 같은 열매를 맺어놓았다. 그로 인해 메마른 몸이 찬란하다. 겉치레를 위해 꾸며놓은 가짜가 아니기에 더욱더 아름답다.

　강물은 쇠락한 작은 마을을 지나고, 마을 어귀에서 늙어가는 느티나무 곁을 스쳐간다. 오래전에는 물고기와 장난하던 아이들의 작은 종아리를 쓰다듬었으리라. 지금 흐르는 물은 힘없는 노인의 눈빛을 애처롭게 뒤돌아보며 간다. 강이 내려다보이는 산비탈 묵정밭에 칡넝쿨이 우거졌고 유적처럼 남겨져 있는 징검다리가 말없음표로 찍혀 있다.

　제법 쌀쌀한 바람이 나뭇잎을 흔든다. 어스름 저녁 빛이 내리자 강물도 지친 다리를 가만히 뻗는다. 강이라 부르기엔 어린 물이다. 그렇지만 점점 흘러갈수록 강물도 자란다. 바위에 부딪히고 바람에 씻기며 넉넉한 바다에 이를 것이다. 강은 말 없이 생명을 기르고 강가에서 노래하는 시인도 키웠다. 빠른 물살이 쉬어야 할 때를 알고 에돌아갈 줄도 안다. 다시 세월을 거스르지 않고 떠날 줄을 안다.

　가을 강가에서 사는 게 무엇인지, 사랑이 무엇인지 되묻는 일은 무의미하다. 바람이 그러하고 강물이 그러하듯이 그저 흐르는 것이라고 억새가 머리를 끄덕였다.

도깨비 이야기 하나 더

 소설가라서 그 정도 이야기쯤은 뚝딱 만들어낼까? 토굴 마당에서 보이는 하늘과 바다와 산과 섬, 거기에 내리는 빛과 어둠, 눈비와 바람, 안개, 그리고 모든 생명체를 도깨비에게서 다 사버렸다는 사람. "네가 소유한 바다와 하늘을 즐기는 일과, 시와 소설 쓰는 일에 확실하게 미쳐버린다는 조건"을 건 도깨비.
 도깨비는 '얼굴은 연꽃인데 다리는 나귀 다리'라는 화두를 던지고 '물고기 한 마리나 아흔아홉 마리나 그것이 그것'이라는 속세를 초월한 말을 그 소설가에게 했다고 한다. 옛날이야기 속에서 도깨비는 어리석은 듯하면서도 세상을 살피며 인간을 조롱한다. 아마 그 도깨비가 오늘도 해산 토굴 앞바다를 자맥질하고, 밤에는 편백나무 숲을 날아다니면서 작가가 시와 소설 쓰는 일을 게을리하지 않나 감시하고 있을 것이다. 하늘과 바다를 마음껏 품는지, 햇빛과 바람과 비에 흠뻑 젖어 사는지 살펴보고 있을 것이다.

옛날 어느 마을에 달덩이 같은 큰애기가 살고 있었다. 하루는 냇물을 건너 동무 집에 마실을 갔다. 해는 지고 그믐이 가까워진 밤은 빨리 왔다. 서둘러 동무 집을 나왔다. 징검다리를 건너려고 냇가에 앉아 고무신을 벗을 때였다.

갑자기 누군가 큰애기의 손목을 덥석 잡았다. 깜짝 놀라서 고개를 드니 당시 보기 드문 '하이칼라' 머리에 구척장신 남자가 서 있었다. 가로등도 달빛도 없는 어둠 속에서 허연 남자의 얼굴이 보였다. '아이고, 어메.' 소리 할 새도 없이 손을 뿌리치고 고무신도 내던지고 달아났다. 징검다리를 어떻게 건넜는지, 집까지 어떻게 달렸는지 몰랐다.

우당탕탕 소리에 사랑방에서 놀던 오라버니 친구들이 문을 열었다.

"왜 그런다냐."

걱정스레 물었지만 차마 큰애기가 남자에게 손목 잡혔다는 말은 할 수 없었다.

"저- 저기, 냇물 건너는데 큰 개가 따라와서……."

"아, 그 개 말이여. 건넛마을 양 생원 집에서 키우는 개고만. 거 있잖여. 점심때 오포 불면 따라 운다는."

그 큰애기는 시집을 가서 딸에게 비밀스런 도깨비 이야기를 들려주었다. 딸은 의심하지 않고 도깨비 이야기를 믿어주었다.

 어머니는 그때 손목을 잡은 남자가 분명 도깨비라고 했다. 그렇지 않다면 어떻게 키가 그리 클 수 있으며 사위가 어두운데 얼굴만 허옇게 보이겠냐는 것이다. 냇물 건너 장터 골목에서 인공 때 인민군들이 사람을 많이 죽였다는데, 어머니는 그 남자를 귀신이라 하지 않고 왜 도깨비라고 했는지 모르겠다. 뿔도 없고 요술방망이도 들지 않은 도깨비, 도깨비는 요술을 부릴 수 있으니 한여름 밤 남자로 변신해서 달덩이 같은 큰애기를 희롱했을 수도 있다. 어머니가 분명히 보았다는 도깨비 때문에 나는 도깨비의 존재를 믿고 있고, 한승원 작가의 도깨비 이야기도 철석같이 믿으며 몽롱해지는 것이다.
 작가는 보이는 것만 믿는 세상에 살면서 보이지 않는 세계를 꿈꾼다. 확인되지 않는 사랑을 믿고, 믿을 수 없는 믿음을 품고 사는 사람이다. 내가 숨 쉬고 사는 세상, 어느 바닷가에 달 긷는 집을 짓고 바다와 하늘을 품어 글을 쓰는 사람이 있으니 그 또한 정다운 일이다.
 장흥 바다는 아름다운 세상을 그리라고 넉넉하게 치마폭을 펼쳐 놓았다. 도깨비가 밤새 뚝딱 만들어 놓은 것 같은 장흥의 산에 들면 도깨비 이야기가 깨금처럼 쏟아질 것 같았다. 그날 아침 푸르게 안겨와 휘감던 기역산 바람 한 자락이 예까지 따라왔다.

눈 내리는 날

 아이들도, 강아지도, 나도 눈을 기다렸다. 감질나는 진눈깨비에 눈을 흘기며 함박눈을 기다렸다. '올해는 눈 구경을 못 하려나? 지구 온난화 때문에 눈이 귀해지나?' 이리저리 철들지 않은 마음으로 보챘는데 속내를 알아채기라도 한 듯 밤새 눈이 내렸다. 하얀색으로 만물을 덮어놓은 솜씨에 감탄하며 눈 구경을 했다.

 발목을 덮을 만큼 쌓인 눈 위로 다시 눈은 내리고, 눈을 밟으며 걷는 기분이 포근하고 즐거웠다. 일부러 차바퀴 닿지 않은 쪽을 골라 걷자니 푹푹 묻히는 눈을 가지고 눈싸움이라도 하고 싶은 장난기가 일었다. 아직 이른 시간인데 어린아이가 큰 비닐봉지를 배에 깔고 낮은 내리막길을 엎드린 채 내려왔다. 소복소복 쌓인 눈에서 미끄럼타기가 수월하지 않아 애쓰는 모습이 귀여웠다. 곤한 아침잠을 어떻게 떨치고 나왔을까. 눈은 사람을 들뜨게 하는 힘도 가진 모양이다.

겨울이 되면 습관처럼 첫눈을 기다린다. 눈이 얼어붙으면 불편하고 질척거리는 뒤끝을 남긴다. 그것을 알면서도 펑펑 쏟아지는 흰 눈 속에 온 세상이 고개 숙여 묵상하는 풍경을 마음속에 그린다. 깃털과 같이 가벼운 것이 셀 수 없이 떨어지는 모습을 보며 엷은 웃음을 짓게 하는 풋사랑을 떠올리는 것도 좋다. 오래된 수묵화 속에 서 있거나 성탄 카드 속의 작은 예배당이 있는 소박한 마을에 안겨 있는 듯한 기분도 느낄 수 있다. 칼바람과 앙상한 나목이 있는 겨울에 눈이 내리는 것은 참 다행한 일이다. 메마른 꿈을 녹이고 덮어주는 축복이다. 그 속에서 살아 있는 것들은 숨을 고르며 머지않아 봄이 오리라는 희망을 품는다.

온종일 내리는 눈 때문에 좀 이른 퇴근을 했다. 뿌옇게 쏟아지는 눈 속에 서서 언덕 아래 마을을 내려다보았다. 인적은 드물고 집들은 순하게 엎드려 있다. 어디선가 저녁연기 한줄기가 피어오른다면 잘 어울리겠다. 자동차가 불빛을 하나 둘 밝히며 엉금엉금 기어가는 모습을 낯설게 바라본다. 하얀 세상이 점점 회색빛으로 어두워지자 그리운 사람들을 꺼내어 눈 속에 흩뿌렸다.

위장병 때문에 요양을 떠난 아버지는 산 좋고 물 좋다는 강원도 산골에 계셨다. 어린 시절 잠깐 머무는 동안 놀랄 만한 폭설을 보았다. 아침에 일어나면 눈이 지붕과 같은 높이로 쌓여 있었던 기억이 난다. 그런 날이었으리라. 장에 가신 아버지가 길도 없는 눈 속을 걷다가 그대로 누워 잠들어버리고 싶으셨다고 했던 날이. 하지만 아내와 어린것의 까만 눈이 떠올라 한 걸음씩 헤치며 집으로 돌아왔다고 하셨다.

이렇게 쉬지 않고 눈 내리는 날은 전설처럼 들었던 이야기가 떠오르고, 자신과 싸우고 세상과 싸웠을 아버지의 발걸음 때문에 마음이 아파져 온다. 꼭 눈 때문에 그런 생각을 하지는 않았으리라는 것을 어른이 된 뒤에야 헤아릴 수 있었다. 무거운 걸음을 포기하지 않고 돌아오셨기에 아버지, 어머니와 나란히 누워 호랑이 담배 피우던 이야기를 번갈아 들으며 잠이 드는 추억을 가질 수 있었다. '또, 또…….' 조르면 '진진 담뱃대…….' 하시던 목소리가 눈발을 타고 들려온다.

저녁 뉴스 시간에 며칠을 갇혀 사는 산속 외딴 마을과 연탄, 가스 배달이 안 된다는 산동네 비탈길 소식을 들으며 눈을 기다린 것을 미안해 한다. 몇 시간 목화 송이마냥 탐스럽게 내리다가 증발했다면 이렇게 불편한 마음으로 쌓인 채 얼어붙는 눈을 바라보지 않아도 되었을 것이다.

매서운 겨울 날씨에 모든 것이 얼어붙는다. 따뜻한 방에 몸을 누이며 달동네 사람들과 노숙자들을 생각한다. 아무 도움을 주지 못하면서 그런 생각하는 것조차 위선이다 싶어 겨울밤을 뒤척인다. 내가 아이들보다 아는 것이 많아서 눈을 기다린 것이 미안하다.

2월에 쓴 편지

잔설이 점점이 남아 있고, 귓불이 아직 시리지만 머리카락에 떨어지는 햇빛 알갱이들이 따사롭습니다. 발밑에서 서릿발이 아삭아삭 부서집니다. 겨우내 낮게 엎드려 버틴 어린 풀들을 봅니다. 풀잎 끝에서 비로소 반짝이기 시작하는 이슬이 보석 같습니다. 들판은 가슴을 활짝 열어 보이며 지나쳤던 작은 생명을 살펴보라 합니다.

주어진 몫의 삶을 충실하게 살아내는 그들에게 갈채를 보내라 합니다. 계절이 오고가는 것을 느낄 수 있는 기쁨이 없었다면 산다는 건 또 얼마나 건조했을까요. 고단한 마음이 잠시 쉼을 얻습니다.

저기 밭두렁 가에 갓난아이 손처럼 고물거리는 아지랑이 좀 보세요. 소란하고 변덕스런 봄을 좋아하지는 않지만 이럴 때

두근거리지 않을 만큼 심장이 튼튼하지 못합니다. 아지랑이 옆으로 가서 졸음에 겨운 고양이처럼 실눈을 뜨고 앉습니다. 검은 흙이 새삼 듬직해 보입니다. 봄을 잉태하여 만삭이 된 흙의 뱃살이 거미줄처럼 텄습니다.

살얼음 아래로 돌돌 흐르는 도랑물 소리가 들립니다. 방천 너머에 버들강아지가 눈뜰 채비를 하고 있는지 궁금해집니다. 실핏줄 뻗쳐오른 복숭아나무 가지가 발그레 곱습니다. 묵은 덤불에 쥐불이라도 놓아야 할 것 같다고 생각하는데 눈치를 챘는지 한 떼의 작은 새들이 낮게 후두두 달아납니다.

술렁술렁 바람이 일기 시작합니다. 흔들릴 수 있는 모든 것이 소리를 냅니다. 하얀 비닐 조각을 바람이 몰고 달아납니다. 옷을 다시 여밉니다. 질척거리는 흙이 신발에도 손수레 바퀴에도 자꾸자꾸 붙습니다. 두서없이 불어대는 바람 때문에 마음이 산란해지고 눈을 곱게 뜰 수가 없습니다. 하지만 살아가는 날들이 늘 산들바람만 불거나 고운 이슬비만 내리거나 맑은 날만 있는 것이 아님을 이미 알기에 크게 탓하지 않습니다.

이런 날들이 없다면 당신을 그리워할 핑계 또한 잃게 될 것입니다. 눈 내리는 날 그랬듯이 바람 속에서도 당신을 생각합니다. 바람결에, 풀잎 위에, 햇빛 속에 언제나 당신이 있기 때문입니다.

― 겨울이 가는 들에서.

옛날 옛날에

 키가 큰 노송이 서 있는 동구 밖에는 이미 땅거미가 내려앉고 있었다. 술래가 된 내가 '무궁화 꽃이 피었습니다.'를 외치고 돌아보니 아이들은 모여서 저만치 동네 안쪽으로 달아나며 '저기 호랑이 온다.'라는 말까지 덧붙였다. 나는 혼비백산하여 뒤따라 달려가는데 발은 내 마음대로 움직여주지 않았다.
 세상에 태어난 이후로 나 혼자만의 기억이 시작되는 첫 페이지의 그림이다. 낯선 곳에 이사 가서 호된 신고식을 치른 것이다. 그전에 아이들과 모여앉아 땅바닥에 무언가를 그리면서 짧은 이야기를 나누었던 기억이 있다. 아이들은 나에게 어디서 왔느냐고 말을 붙였던 것 같다. 내가 무엇이라 대답했는지 기억나지 않는다. 수줍어서 고개를 못 들었던 생각이 어렴풋이 날 뿐이다. 지금 생각하면 경상도 억양을 쓰는 계집아이가 아이들의 호기심을 불러일으켰을 것이다.

산골 마을에서 살았던 짧은 몇 년 동안의 시간이 강하게 각인되어 있다. 그 마을과 그 시절 덕분에 농촌이나 산촌에서 자란 아이들이 가진 추억을 함께 나누어 가질 수 있었다. 시간이 흐를수록 기억의 조각들이 빛난다. 뒤란에 돌배나무가 있고 앞마당에 고욤나무가 있던 집은 언제나 마당이 말끔했다. 집 옆엔 디딜방앗간이 있었다. 방앗간 뒤에 있는 감나무 그늘 때문에 방앗간은 더욱 어둑해서 한 번 들여다보고는 다시 가지 않았다.

동네 아이들을 따라서 봄나물을 캐러 갔다. 산에 가서 고사리를 닮은 고비를 따 보기도 했고 마른 솔잎을 모아놓고 감자를 구워먹겠다고 연기를 피우며 애쓴 적도 있다. 지금 생각하면 위험하기 짝이 없는 일이었다. 이른 아침에 일어나 알밤을 주워도 보고 비바람이 그친 날엔 노란 살구를 주웠다. 찔레순도 따서 먹었고 수수깡을 벗겨서 단물을 삼키기도 했다. 모내기를 하는 날 어른들은 가마솥에서 잘 익은 누룽지를 긁어 아이들에게 나누어 주었다. 못밥을 이고 가는 곳에도 따라갔었는지 펼쳐놓은 반찬 중에 넓적한 미역튀김과 방천에 피어 있던 해당화가 함께 떠오른다.

어느 날 잔칫집을 기웃거리며 방문 틈으로 새각시를 엿보았다. 한복을 입고 족두리까지 쓴 각시는 두꺼운 이불 위에 앉아서 고개도 들지 않고 미동도 하지 않았다. 앞에는 음식이 차려진 상이 있었지만 손도 대지 않았다. 새각시는 음식을 함부로 먹는 것이 아니라고 했다. 그리고 방이 뜨거워서 두꺼운 이불 위에 앉아 있는 것이라고 했다. 각시는 움직이지 않는 인형 같았다. 굿을 하는 집 마당에서 울긋불긋한 옷을 입은 무당이 작두 타는 것도 보았다. 괜히 무서운 마음이 들었다.

가을에는 논에 나가 메뚜기를 잡았는데 겁이 많았던 내가 어떻게 손으로 잡아서 강아지풀에 꿰어 모았는지 모를 일이다. 겨울이면 각자 만든 썰매를 메고 얼음이 언 논에 모여서 얼음지치기를 했다. 동생이 자라면서 남자아이로 한몫했다. 옷을 버려오기도 하고 손이 꽁꽁 얼어서 들어왔다.

남자아이들은 무엇으로 날을 세운 누구의 썰매가 잘 나가는지 서로 시새웠다. 여자아이들은 고무줄 높이를 점점 높여가면서 노래를 부르며 고무줄놀이를 했다. 아이들은 밖에서 어두워질 때까지 놀다가 여기저기서 큰소리로 이름을 부르는 소리를 듣고 집으로 갔다. 그러고 보면 무던히도 산과 들을 쏘다녔던 모양이다.

거기서 초등학교 입학을 했다. 서울 사는 큰오빠가 사다준 빨간 가방을 메고 학교 가는 길은 즐거웠다. 학교 다닌 지 두어 달 만에 동생과 함께 홍역을 치렀다. 그리고 겨울 방학 때 우리 가족은 다시 그곳을 떠나 고향으로 돌아갔다. 그리고 오랫동안 도시에서 살게 되었다. 그 이후로는 메뚜기도 볼 수 없었고 찔레순도 먹지 않았다.

그래서 봄이 오기도 전에 양지 녘에 쑥이 올라왔는지 기웃대는 버릇이 생겼는지 모르겠다. 차를 타고 가다가 자그마한 산속 마을을 보면, 그 집 굴뚝에서 저녁연기라도 피어오르면 가슴에 싸한 바람이 인다. 이제는 옛날이야기가 되어 버린 날들이지만 내 감성의 밑바닥엔 그 시절이 있다.

도무지 알 수 없는 한 가지

 흘금흘금 대문 밖을 보며 우체부를 기다리고 있었다. 내가 쓴 편지를 내가 받자니 편지 쓸 때의 멋쩍었던 느낌이 다시 살아났다. 결혼하고 처음 생일을 맞은 남편한테 쓴 편지였다. 면소재지에서 마련할 수 있는 선물이 마땅치 않았다. 큰마음 먹고 도회지로 나가 라이터를 사고, 나가는 김에 우체국에 가서 편지를 부쳤다. 그냥 줄 수도 있었지만 그렇게 하면 감동이 배가 될 것이라는 나름의 계산이 있었다.

 드디어 기다리던 편지가 왔다. 편지를 책상 위에 놓고 모른 척하고 있었다. 일부러 방에도 들어가지 않고 밖으로 돌았다. 저녁이 되어서야 남편은 편지를 보았고 의아해하면서 봉투를 열었다. 난 그럴 때 어떤 표정을 하고 어떤 몸짓을 해야 하는지 아주 난감해하고 있었다. 하필 내가 있을 때 편지를 읽을 건

뭐람.

"뭣이여. 같이 사는 사람한테……."

남편은 심드렁하니 말하곤 편지를 던져놓았다. 연애를 한 사이도 아니니 애정 표현의 수위를 이리저리 가늠하느라 고심도 했겠지만 소설깨나 읽은 내가 심심하지 않게 쓴 편지였을 텐데 사람을 민망하게 만들었다. 그때 난 다시는 남편에게 편지를 쓰지 않겠다고 결심했고 남편은 내 편지 받을 기회를 영영 놓쳤다.

이 이야기는 그저 시작일 뿐이다. 다 폭로하고 싶지만 잊어버린 것이 많아서 더 못하겠다. 어쨌든 고지식하고 잔정 없는 남자 때문에 나이 어린 새댁은 마음의 상처를 많이 입었다. 그런데 그는 내가 속으로 아파하는지 슬퍼하는지조차 몰랐다. 나도 치사해서 그러니저러니 말하지 않았고 세월은 흘렀다.

남편이 친구 보증 서 주고 제법 많은 빚을 떠안았을 때다. 어느 날 농약병을 든 남편을 비닐하우스에서 발견했다. 가슴이 철렁했다. 집으로 데리고 왔더니 한다는 말이 약을 마시려는데 누나 생각이 나서 죽을 수가 없었단다. 누나가 힘들게 공부시켰는데 이대로 죽으면 도리가 아니라고 생각했다나. 세상에…….

난 그때 심한 배신감을 느꼈다. 죽음 앞에서 어린애들하고 젊은 각시는 생각도 안 났단 말인가. 아내와 아이들 때문에 못 죽었다고 말하는 것이 인간에 대한 예의 또는 관례 아닌가 말이다. 사람 잃지 않은 것이 감사한 것보다 이 세상에 내가 기댈 곳이 없는 것 같아 슬펐고 그즈음에서 우리 사이는 끝장 날 수도 있었다. 그때만 해도 부부 사이의 사랑에 대한 환상을 갖고 있을 만큼 나는 어렸다.

그런데 이제는 그런 일들이 그다지 괘씸하게 생각되지 않는다. 내가 도를 좀 닦은 탓도 있겠지만 오랫동안 같이 살다 보니 충분히 그럴 수 있는 남자다. 그 사람 입장에서 보면 꼭 사랑한다고 말을 해야 하나, 말 안 해도 아는 것이 사랑이다. 누나 이야기도 그렇다. 숨 막히도록 정직한 그가 죽음 앞에서 자신의 심정을 그대로 드러낸 말이다.

애정 표현은 물론 생일이니 결혼기념일이니 무시하고 산 사람이다. 나도 마음의 문을 닫고 있었다. 겉으로는 아무 문제없는 부부였지만 저 남자랑 끝까지 한 지붕 안에서 살지 나 자신을 늘 의심했다.

언제부터인가 남편이 이상해졌다. 한집에서 만날 보는 사람한테 전화를 해서 "사랑해." 그런 낯간지러운 말을 했다. 어색해하는 모습이 전화선 너머로 보이는 듯했다. 난 뭐라 대답할 말을 찾지 못해서 "으응. 고마워……." 했다. 속으로는 별로 고맙지 않았고 좀 당황했다. '뭐여. 시방― 가족끼리.' 그뿐만 아니라 어느 땐 나도 잘 안 보는 드라마를 보다가 눈물까지 글썽였다. 아이들이 수학여행 간 것도 모르던 사람이 늦게 들어오는 아이들도 챙겼다.

어느 선배에게 심각하게 물었다. "저기―. 사람이 변하면 거시기 하다던데 같이 사는 남자가 아무래도 이상해요." 무슨 일인가 걱정하며 듣던 선배는 남자들이 나이 들면 여성스러워지고 안으로 돈다고 했다. 말끝에 그렇다고 안 죽으니 걱정 말라는 정리까지 깔끔하게 해줬다.

남편은 집안일도 도와주고 어쩌다 고맙다는 표현도 하는 남자가 되었다. 쌀 한 가마니를 어깨에 메고 나르는 여자를 봤다며 희한한 방법으로 내 기를 죽이던 남자가 부당한 일에 발끈 대드는 내 모습을 보면서 야물어졌다고 흐뭇해한다. 그다지 서운할 것도, 서러울 것도 없는 부부 사이가 되었다. 나는 더러 안쓰러운 저 남자와 함께 끝까지 살아야지 하는 제법 장한 다짐을 한다.

강호형 선생님의 수필 〈부부〉를 읽었다. 여느 부부들도 그런저런 일로 다투기도 하고 갈등도 하며 다 그렇게 사는 것이지 하다가 이런저런 고비를 넘으며 평생을 함께한 사람들이 위대하다는 생각도 했다. 아롱다롱 다른 자녀들을 사이에 두고 보이지 않게 밀고 당기는 장면을 읽을 때는 내 이야기인 듯 웃음이 났다.

어느 일요일 아침 작가와 아내는 모처럼 아침 산책을 나섰다. 아파트 단지 뒷동산에 있는 운동기구들을 보며 옛날 생각이 났다. 운동신경이 둔하다고 생각해온 아내 앞에서 실력을

과시할 기회다 싶어 평행봉에 뛰어 올랐다.

'배튀기기부터 시작해서 물구나무서기까지 보여주리라.' 그런데 몸은 마음과 달리 말을 듣지 않았고 몇 번을 시도해 봤지만 실패였다. 망신은 그렇게 시작되어 철봉에서 턱걸이 세 번을 채우지 못해 발버둥을 치다가 내려오는 것으로 끝났다.

"벤치에 앉은 아내 곁으로 갔다. 변명 따위는 하지 않기로 했다. 뭐라고 놀리든 다 받아줄 참이었다. 그런데 한참을 지나도 아내는 말이 없다. 웬일인가 싶어 돌아보니 아내의 눈에는 눈물이 고여 있었다."

살면서 도무지 알 수 없는 것이 한두 가지가 아니지만 부부 사이 또한 복잡하고 미묘하다. 흐린 그림을 그렸다 지웠다 해봐도 아직 부부란 이런 것이다 정의 내릴 수 없다. 수필 〈부부〉의 마지막 부분을 읽을 때 왜 내 눈에 눈물이 핑 돌았는지 그것도 도무지 알 수 없는 일이다.

그리운 것들은 화석이 되어

 어렴풋이 어디선가 닭 우는 소리가 들렸다. 점점 또렷해지는 소리에 잠 속을 빠져나와 어리둥절하여 누운 채 있었다. 닭은 아주 가까이에서 울었다. 가끔 홰치는 소리까지 들렸다. 닭이 우는 곳은 베란다 창밖 근처였다.
 이른봄이었다. 어느 날부터 '짹짹' 같기도 하고 '삐약삐약' 같기도 한 작은 소리가 들렸다. 혹시 잘못 들었나 싶어 귀를 기울여야 할 만큼 여린 소리였다. 며칠을 그 소리에 이끌려 들어보니 분명 병아리 소리였다. 주택과 빌라가 이마를 맞대고 있는 도시 아닌가. 그럴 수 있었다. 그땐 봄이었고 노란 개나리가 피고 질 때였다. 봄과 병아리는 아주 잘 어울려서 삐약삐약 오종종 몰려다니는 소리가 싫지 않았다. 쫑긋쫑긋 들리는 소리가 새잎 피는 소리 같았다.

베란다에서 내려다보이는 이층집에 노부부가 산다. 일찍 일어나 거실을 서성이다 보면 겨우 동이 튼 시간에 옥상을 오가는 노부부가 보인다. 그 집에서 병아리 소리가 들리고, 파릇한 싹이 소복한 스티로폼 상자, 빈 화분, 고무통이 옥상을 채우기 시작했다. 햇볕이 온기를 더해가고 노인들의 발자국이 쌓여가자 어린 싹이 자라서 배추가 되고 상추가 되었다. 고구마 순과 호박넝쿨이 뺨으로 여름을 쟀다. 조롱조롱 연 고추와 가지 옆에 어린 감나무와 대추나무도 보였다.

두 노인은 푸성귀에 물을 주고 뒤적이며 해가 동동하도록 옥상에 있었다. 일거리가 그리 많아 보이지 않았지만 몸짓은 쉬지 않았고 표정은 진지했다. 영락없이 눈 뜨자마자 들에 나가는 시골 농부 시늉을 하는 것이다. 아버지도 새벽에 나가 들을 둘러보고 와서 늦은 아침을 드시곤 했다. 노인들은 농사꾼의 습성을 털어내지 못한 것이 분명했다. 개발이 되기 전 논밭과 과수원이었던 땅을 문명에게 홀연히 빼앗기고는 그림자놀이나 소꿉놀이같이 푸성귀를 기르고 병아리까지 기르는 것 같았다.

도시 주택가에서 듣는 닭 울음소리는 그리 상쾌하지 않았다. 내가 무디어졌는지 스스로 돌아봤지만 역시 어울리지 않았다. 목청 좋은 울음소리가 정해진 시간에 시차를 두고 들리는 것은 소음일 뿐이었다. 농촌에서 똑같이 농사를 지으며 살 때와 달리 요즘 사람들은 일어나는 시간도 다 다르고, 닭이 고함지르며 깨워주지 않아도 필요한 시간에 자고 일어난다. 도시 사람들이 마음 놓고 늦잠을 자는 주말 아침에도 닭은 꼭 두새벽에 잠을 깨웠다. 잠이 깨면 뒤척이며 군담을 했다. '인심도 좋지. 누가 소음신고도 안 하나?'

어느 아파트 단지에 개구리 울음소리가 들린다고 신고해서 개구리를 포획했다는 글을 읽었다. 변한 인심에 의아해했지만 이번 일을 겪고 보니 그 사정을 알 듯했다. 아이들이 시끄럽다고 툴툴댈 때는 조물주가 만든 천연 알람이 신기하지 않느냐고 눙쳤지만, 그런 고민을 모르는 듯 노인들은 여전히 옥상 텃밭을 바지런히 오갔고 건강하게 자란 닭은 쩌렁하니 울어댔다.

그러던 어느 날 뚝 소음이 사라졌다. 이유는 알 수 없지만 제 목청껏 아침을 열던 닭이 없어졌다. 생각해 보니 시절을 잘못 타고난 닭도 딱하다. 변한 세상을 알 리 없는 닭이 타고난 그대로 산 것뿐이다. 어쩌다 평생 농사꾼으로 살지 못하고, 깊이 새겨진 습성도 놓지 못한 노인들과 연이 닿았다. 얼토당토않게 도시 주택가 한가운데서 살게 되었지만 새벽을 여는 소임을 게을리하지 않았다.

닭 울음이 사라진 공간에 흐린 그림이 지나간다. 닭이 깨우던 새벽, 그보다 빨리 아침을 깨워 들로 나가던 아버지. 아버지의 발걸음 소리 듣고 윤기를 더해가던 곡식, 구수한 김이 오르던 쇠죽솥과 푸푸 코를 박고 여물을 먹던 누렁이 소. 늘 무엇인가를 하며 오가던 아버지와 어머니……. 다시 볼 수 없는 그림이다.

　노인들이 가을걷이를 했다. 고구마 넝쿨을 걷고 배추를 뽑고 어질러진 옥상을 말끔하게 치웠다. 야위어가는 햇볕자락도 함께 걷었다. 어린 감나무가 용케 달고 있는 감 두 알은 까치밥으로 남겨놓을 모양이다. 눈 내리는 날, 노인들은 봄에 뿌릴 씨앗을 고르며 봄이 오기를 기다릴 것이다. 뜨끈하게 김 나는 여물을 쑤어 소 한 마리 먹이고 싶은 꿈을 겨우내 꿀지도 모른다.

　메타세쿼이아가 시조새 날개 같은 마른 잎을 옥상 텃밭 위로 풀풀 뱉어내자 또 한 해가 갔다. 문명의 켜 속에서 그리운 것들은 화석이 되어간다.

농부와 아내

 설이 다가오는 어느 날 저녁이었다. 현관문에 커다란 종이가 붙어 있었다. 인쇄체 광고에 익숙했는데 또박또박 손으로 쓴 글씨가 눈길을 끌었다. 종이를 뜯어와 찬찬히 읽어보았다. 자신은 경상도 어느 농부의 아들인데 농사지은 사과가 제값을 받지 못하고, 아버지의 건강까지 나빠져서 휴학하고 직접 사과를 팔러 나섰다는 것이다.

 설에 어차피 사과가 필요할 것이니 이왕이면 자기가 파는 사과를 사 달라고 호소하는 글이었다. 마음이 아팠다. 농사를 지어봤기에 농민의 시름을 알고 있었다. 농부의 아들이라는 말에 망설일 것 없이 종이에 적혀있는 전화번호를 눌렀다. 집에서 먹을 것과 선물할 것까지 몇 박스를 갖다 달라 했다. 가격이 동네 가게보다 비쌌지만 그리 마음 쓰지 않기로 했다.

잠시 후 젊은 사람 둘이 사과를 가져왔다. 사과는 비닐봉지에 담겨져 있었다. 포장할 여유도 없었나 보다, 생각하며 값을 치르고 사과를 받았다. 그런데 집에서 먹는 것이야 상관없지만 선물을 하려고 마음먹은 사과를 놓고 보니 난감했다. 할 수 없이 다시 전화를 해서 갖고 있는 상자가 없느냐고 물었더니 과일 가게에 가서 얻어다 쓰라며 전화를 끊었다. 뭔가 이상한 생각이 들기 시작했다. 사과알도 굵기가 일정하지 않았다. 값에 비해 품질이 많이 떨어졌다. 혹시나 하고 다시 전화를 해도 받지 않았다.

아뿔싸, 또 일을 저질렀구나. 무엇보다도 남편의 타박 맞을 일이 걱정이었다. 그렇지 않아도 세상 물정을 모른다느니, 무르다느니 하는 소리를 종종 들었던 터였다. 말을 안 해서 그렇지, 세상 물정 모르기는 그쪽이나 나나 마찬가지인 듯하지만 이번에는 변명할 여지가 없었다.

그런데 자초지종을 들은 남편이 혀를 몇 번 찬 것으로 일이 마무리된 것은 참 희한한 일이었다. 아마 '농부의 아들'이라는 말에 속아 넘어간 것을 참작한 것이리라 짐작했다. 그 비싼 사과를 선물도 못하고 다 먹지도 못해서 그냥 이웃과 나눠 먹었다. 그래도 모른 체 해 주었다.

세상을 좀 야무지게 살아야겠다고 마음을 다잡지만 그게 잘 안 된다. 그래놓고 번번이 마음에 상처를 입는다. 야무진 것도 타고나야 한다고 생각하다가 나이가 몇인데 늘 그렇게 살아서는 안 된다고 스스로를 훈계해 보기도 한다. 그런 시험은 언제나 자잘한 것에서부터 시작되곤 한다.

어제 저녁에는 남편이 단감 한 자루를 사 왔다. 수확 때를 놓쳐 서리를 맞았지만 맛은 괜찮다며, 농부가 팔고 있기에 사 왔다고 했다. 순간 똑 부러지게 살기를 희망하는 내 머릿속에서 진짜 농부가 아닌지도 모른다는 생각이 떠올랐지만 곧이어

'늦은 시간, 낯선 도시의 길가에서 떨고 있는 농부 옆을 그냥 지나치지 못했겠지.'

하는 어리석은 생각이 애써 떠올린 똑똑한 생각을 무참히 지워버렸다. 아이들을 불러 인심 쓰듯 감을 깎는데 불빛에서 보니 한 자루가 다 멀겋게 얼어 있었다. 물컹해서 제 맛을 잃은 단감을 한 조각씩 먹어보더니 모두 안 먹겠다고 했다. 남편에게 한마디 해 주려다가 사과 사건을 기억해내고는 꿀꺽 삼켰다.

안데르센의 동화에 농부와 '잘했어요'를 잘하는 아내가 나온다. 농부는 말을 가지고 장에 가서 좋은 것으로 바꿔온다며 집을 나섰다. 장에 가는 길에 소와 바꾸고, 양, 거위, 암탉과 바꾼다. 그리고 마지막에 암탉과 썩은 사과 한 봉지를 바꾸었다. 주막에서 만난 귀족이 그 이야기를 들었다. 집에 가면 농부의 아내가 틀림없이 화를 내겠지만 만약에 잘했다고 한다면 자기가 갖고 있는 금화를 다 주겠다고 했다. 그런데 집으로 돌아온 농부가 하루 동안 있었던 이야기를 하자 아내는 참 잘

했다고 하는 것이었다. 귀족은 이런 가정이라면 돈을 다 줘도 아깝지 않다며 금화주머니를 주고 갔다.

 아직도 다 먹지 못한 단감이 빠른 속도로 썩어가고 있고, 나는 안데르센 동화 속 농부와 아내를 생각한다. 어리숭하게 사는 사람에게 따뜻한 위로를 해 주는 우화의 시대는 다시 오지 않을 것이다.

가을 모기

가을은 소리도 없이 오더니 어느새 깊어졌다. 그늘이 으스스 추운 것을 보면 어느 날 갑자기 덥석 겨울 바람을 데려다 놓고 슬그머니 자취를 감추리라는 예감이 든다.

설악산 대청봉에 첫눈이 내렸다는 보도가 며칠 전에 있었는데 아직도 모기 때문에 잠을 설치다니. 한여름 모기의 극성은 당연히 그러려니 하지만 방에 불을 넣고 자야 하는 요즘에 모기 이야기하기가 어설프다.

모기도 활발하게 활동하는 시간이 따로 있다더니 깊이 잠들 새벽 시간에 꼭 잠을 깨운다. 물 것을 유난히 타는 나는 잠을 자다가도 왱왱거리는 소리가 귓가에 나면 잠이 싹 달아나서 벌떡 일어나 앉게 된다. 지체하지 않고 불을 켠 다음 눈을 부릅 뜨고 모기를 찾는다. 그대로 잠을 잘 수가 없다. 나보다도 아이들을 물어 놓으면 속이 상해서 투지는 더욱 불타오른다.

 미물이지만 어찌나 감각적으로 몸을 잘 피하는지 불을 켜자마자 어두운 곳이나 높은 천장 쪽으로 앉는다. 자리를 미처 잡지 못해 돌아다니는 뒤꽁무니를 쫓아봐도 눈 한번 깜박할 새에 시야에서 멀어진다. 힘들게 잡고 나면 때론 허망해지기도 한다. 몸의 크기로 보나 생각하는 힘으로 보나 감히 인간과 모기가 싸움의 상대가 될 것인가. 이렇게 잠 못 자며 온 정신을 쏟아 싸운다는 게 말이 되는가.

 답답하게도 원시적인 방법으로 싸우는 데는 나름대로 이유가 있다. 여름에는 당연히 뿌리는 약과 매트, 모기 향 따위의 다양한 방법으로 중무장을 한다. 뿌리는 약은 냄새도 안 좋고 기분도 꺼림칙했다. 전기를 이용한 매트는 순해서 모기가 얕잡아보는 것인지 거의 효과가 없었다. 내키지 않는 건 매한가지였지만 그중 모기향이 나았다. 죽는 것은 그리 못 봤지만 모기의 후각을 마비시켜 목표물 찾기 작전을 교란시키는 역할을 하는 듯했다. 모기에 물리지 않으려면 매캐한 연기 속에서 자는 것을 감수할 수밖에 없었다.

 날씨도 선선해진 이 좋은 계절에 맑은 공기를 마시며 잠을 자고 싶었다. 그런데 몇 마리의 모기들이 소박한 바람을 무너뜨리고 있다. 모깃불 놓고 여름 밤 하늘을 보던 시절의 모기는 어쩌면 순진해 보여 향수라도 불러일으키지만 영악한 도시의 모기는 적대감을 갖게 한다. 잡은 뒤에 배라도 홀쭉한 놈은 그리 얄밉지 않지만 배가 터지도록 피를 빨아먹어 손바닥에 자국을 남기는 놈을 보면 억울한 생각까지 든다.

아이들이 "모기를 하나님이 왜 만들었을까요?" 하고 물었다. 전에 시어머니께서 "파리는 며느리 낮잠 못 자게 하려고 마련했단다." 하고 알려 주셨지만 모기에 대해서는 들어 본 일이 없어서 아무 말도 못해 주었다. 저희들끼리 해답을 찾아보려 애를 썼지만 뾰족한 답을 찾지 못했다.

파리는 냄새나는 것을 분해해서 흙으로 돌아가도록 돕는 역할이라도 하지. 도대체 모기가 하는 일이 무언가 말이다.

어쩔 수 없이 때 아니게 모기향을 준비해서 다시금 매운 연기 속에서 잔다. 그러지 않으면 붉은 눈으로 다음날 시들하게 하루를 보내야 하기 때문이다.

큰 소들이 그 작은 모기 떼들의 공격에 꼼짝없이 당하는 것이 안되어서 모기를 쫓아주며 여름을 났었다. 그렇다면 혹시 세상이 힘세고 몸집 큰 존재들만의 것이 아님을 알게 하려고 모기를 만들어 놓은 건 아닐까.

생각해 보면 저도 어쩌다 생겨 나와 피를 빨며 살아야 하는 삶에 충실하게 적응하고 있는 것이다. 몰래 배를 채우며 얼마나 조마조마했을까. 무거운 배를 편히 삭이지 못하고 피해 다녀야 하는 운명이라니.

그래도 모기 잡기를 멈출 수는 없다. 피를 빼앗아가려면 가려움이라도 남겨 놓지 말아야지. 수면 방해에 상처에 질병까지…. 묵인해 주기엔 그놈들이 주는 피해가 너무 많다. 떠날 때는 떠날 줄도 알아야지 염치없이 철모르고 날뛰는 꼴을 곱게 봐줄 수도 없다.

 밤 공기가 차니 모기는 없을 것이라 방심했던 이 새벽에도 모기 뒤를 쫓다가 모기향을 피워놓고, 달아난 잠도 잡지 못한 채 고스란히 아침을 맞는다.

경계 너머에 피는 꽃

꼭 이맘때면 뒤처지는 놈이 있다. 엉거주춤하니 서서 속절없이 지나가는 봄을 바라만 본다. 그러는 동안 사람들은 금세 반소매 옷으로 바꿔 입고, 여름 햇살은 성급하게 땅으로 내려와 엉덩이를 붙이기 시작한다.

시장 들어서는 길목에 옹기 파는 가게가 있다. 그 가게 주인은 찬바람이 설핏 걷힐 무렵 이른봄을 앞장세워 여러 가지 묘목을 내놓고 판다. 겨울이 옹기 속으로 숨으면 나무들은 주황색 비닐 이름표를 달고 길 가는 사람들을 흘끔거린다. 어디서 데리고 왔는지 꽃샘바람 부는 길가에 세워놓은 어린것들이 추워 보인다. 잎도 꽃도 보이지 않는 나무는 별스럽게 드러나는 것이 없어서 이름표를 보지 않고는 도통 무슨 나무인지 알 수 없다.

몇 해째 그 길을 오가며 나무가 달고 있는 이름표를 버릇처럼 훑어본다. 감나무, 다래나무, 블루베리처럼 열매를 맺는 것들과 겹벚나무, 공작단풍 따위 꽃이나 잎을 보는 나무, 꾸지뽕나무같이 약재로 쓰이는 나무까지 줄줄이 서 있다. 나는 나무 이름을 중얼거리며 시골집 마당과 텃밭, 그리고 까막재 산밭까지 빠르게 떠올린다. 그들이 앉을 만한 자리를 더듬는 것이다. 머릿속 고향집 마당과 밭에서는 꽃이 피고 열매가 열린다. 그쯤에서 그쳐 버리는 생각이 시골집에 대한 애정인지 어린 나무에 대한 연민인지는 모르겠다.

 봄볕이 한 가닥씩 짙어지면 빼곡했던 나무도 하나씩 없어지고 나무가 앉았던 빈자리만큼 여름이 한 삽씩 깊어간다. 그러다가 끝끝내 사람을 따라붙지 못한 나무 몇 그루는 가게 앞에서 그때까지 검은 비닐로 발을 감싸고 오종종한 꽃을 피우기도 한다. 그 모습을 보는 일은 늘 언짢다. 발에 감긴 비닐이라도 벗겨 주고 싶어진다.

 마침 졸업과 입학을 하는 분주한 시간이 지나갈 즈음이다. 일자리가 없어서 쩔쩔매는 이 시대의 젊은이들이 남아 있는 나무와 겹쳐서 떠오른다. 제각각 다른 꽃을 피우고, 다른 열매를 맺고, 아픈 사람의 약이 될 나무처럼 그들도 제몫의 빛깔과 능력을 가지고 있을 터이다. 자기 자리를 찾지 못한 젊은이들도 누구에게 선택되지 못한 나무처럼 발끝만 보면서 불안해하고 있을 것이다. 발을 묶고 있는 검은 비닐을 훌훌 벗어 버리고 당당하게 뿌리 내려서 팔다리 쭉 펴고 싶지 않으랴.

사람마다 조금씩 다르겠지만 어른이라고 이름 붙여지는 애매한 경계가 직장을 가지고 경제적으로 독립을 하는 시점이 아닐까 싶다. 온전한 선이 되지 못한 점 위에 위태롭게 서 있는 일은 사는 동안 겪는 힘든 일 중 하나다. 내가 대학교를 더 다니지 못하게 되었을 그때도 취업조차 마음대로 되지 않았다. 어른도 아이도 아닌, 학생도 사회인도 아닌 내가 발붙일 곳이 없었다. 방향을 잡을 수 없었다.

나무도 못 되는 나는 시골 거름자리에 호박처럼 던져졌다. 아는 이도 없고 문화생활은 꿈도 못 꿀 시골마을로 가서 살게 되었다. 열렬한 연애를 한 것도 아니고 옛날 사람들처럼 어른들이 서로 믿을 만한 집안이라며 인연 줄을 엮었다. 어머니는 언제 취직하고 복학하고 결혼하느냐며 그래도 남편 밥이 제일 따습다고 하셨다. 나는 징징 울며 버티다가 시집을 갔다. 호박죽이나 호박떡, 호박즙으로도 쓰일 기회를 못 얻고 봄에 쓸데 없어 버린 청둥호박이었다. 냄새나는 거름자리에서 죽은 듯 살아야 했다. 농사일이라고는 해본 적이 없었지만 어설픈 농사꾼으로 땅만 보고 살았다. 호박이 버려진 자리, 거름은 썩으면서 뜨거운 열기를 뿜어냈다. 비도 맞고 어둠을 피하지도 못하고 견뎌야 했다.

그런데 호박 씨 하나가 싹을 틔웠다. 도망가고 싶었던 거름자리는 밑거름이 되어 주었다. 호박은 줄기를 뻗어나갔다. 거기서도 꽃은 피고 열매가 자랐다.

　호박의 삶이 어디 하늘을 향해 가지를 뻗는 나무와 같을까만 나무는 나무가 있어야 할 자리가 있고, 호박은 호박의 역할이 있지 않겠는가. 발목을 잡힌 나무에게 꽃 피울 꿈을 버리지 말라는 말을 해 주고 싶다. 나무도 아닌 호박 씨 한 톨도 때가 되면 꽃을 피우고 열매를 키우더라고.

　돌아오는 주말엔 아직 남아서 기 못 펴고 있는 저놈들 몇 그루 데리고 고향집에 가야 할 모양이다.

2부

빈들에 서 있는 지게 하나
조롱박 종소리
별이 산다네
더듬이
잊혀가는 것들을 부른다
불퉁지 버무리던 날
소년
개밥바라기별 뜰 때
꿈
거미
몸짓 새기는 일
인연

빈들에 서 있는 지게 하나

 사람 하나 세상에 와서 살다 가는 것이 풀잎에 맺힌 이슬과 같고 베어지는 풀꽃 같다지만 꼭 그런 것만은 아니었다. 아침 안개처럼 살다 홀연히 떠나버려도 그로 인해 아파하는 가슴들이 있고, 그리운 기억을 꺼내어보며 쉽게 잊지 못하는 사람들이 있다.

 해질 녘 밭에 갔더니 시아버지의 지게가 석양을 뒤에 지고 비스듬히 기대어 있었다. 생전에 그분 성품을 말해 주는 듯 꼼꼼하게 싸매어 파라솔 아래 묶어두었다. 겨우 이 세상 떠난 지 보름 되었는데 손때 묻어 반질반질한 지게 작대기는 아득한 옛날로부터 와서 서 있는 것 같았다. 지게에 눈을 두지 않으려 애써 피해도 다시 눈이 거기에 머물렀다.

 '언제 와서 다시 쓰시려고…….'

혹시 발자국이 남아 있을까 싶어 밭고랑을 살펴보았다. 자식 돌보듯 키운 대파가 굵은 몸피에 쭉쭉 곧은 잎을 달고 여전히 밭을 지키고 있다. 텅 빈 들판에 유독 푸르게 서서 가을과 겨울이 오고가는 것을 지켜보고 있다.

한 떼의 바람이 우수수 지나간다.

시아버지는 세상에 사는 동안 최소한의 소비를 하다가 가셨다. 변변한 양복 한 벌이 없었다. 이십여 년 전에 맞춘 양복을 깨끗이 손질해서 돌아가시기 전까지 입으셨다. 새 옷을 마련해 드린다 해도 마다하고 아들이나 사위의 입지 않는 옷들을 갖다 입으셨다.

비 오는 날이면 돋보기를 콧등에 걸치고 해진 신발이나 살이 부러진 우산 등을 고치셨다. 내가 버린 쓰레기 중에 구멍 난 양말이나 장갑, 겉이 성한 볼펜, 또 당신 보기에 희귀한 물건들은 어김없이 주워 다시 내게 주셨다. 나는 못 신게 된 신발을 시아버지 몰래 버릴 연구를 하기도 했다.

돌아가신 뒤에 시어머니는 장롱 정리를 하셨다. 작년 생신 때 아이들이 선물한 셔츠가 '할아버지 생신 축하합니다.'라고 쓰인 쪽지를 그대로 붙인 채 나타나자 목을 놓아 우셨다.

목이 늘어난 양말은 늘 그분 것이었고 바닥에 자작자작 남은 생선찌개를 물리시며 늘 이렇게 말씀하셨다.

"다음 끼니에 내가 먹을 테니 버리지 마라."

신문지나 파지를 잘라 두고 당신 방에 화장지 대신 쓰셨다.

세수하고 난 물은 버리지 않고 놓아두셨고, 면도할 때도 작은 대야에 절반도 안 되는 물만 떠 가셨다.

　시어머니 회갑 때 바쁜 며느리 대신 손자를 돌보셨다. 기저귀 빨래를 할 여유가 없어 일회용 기저귀를 사용했는데 빨랫줄에 종이 기저귀가 하나 둘 널리기 시작했다. 나중에 알고 보니 말려서 한 번 더 써도 되겠다 싶어 시아버지께서 널어놓은 것이었다. 우리들은 한바탕 웃으며 딱딱하게 굳어져 다시 쓸 수 없다는 것을 설명해 드렸지만 웃음 뒤끝에 가슴이 따끔거리는 무엇이 남아 있었다.

　웃어른으로서 나를 제일 편하게 해 주신 것은 뭐든지 잘 잡수셨다는 점이다. 뇌출혈로 갑자기 돌아가시기 전날까지 반찬 투정 한번 없이 해 드린 음식을 맛있게 드셨다. 그리고 열심히 일을 하셨다. 일흔일곱 연세에도 젊은이 못지않게 지게를 지고, 자전거를 타며 들을 오가셨다. 체질이기도 하겠지만 잠시도 쉬지 않으니 몸에 살이 붙지도 않았다.

　사실 시아버지는 왼손이 조막손이었다. 젊었을 때 병이 나서 침이니, 뜸이니 온갖 민간요법을 썼는데 그렇게 손이 굳어버렸다 했다. 병을 고치기 위해 백방으로 뛰신 시어머니 이야기는 가히 무용담을 능가한다. 그래서 사진을 찍을 때 꼭 한 손은 뒷짐을 지셨고 손자들이 말을 배우고 나면 "할아버지 손 아파?" 하고 묻곤 했다.

　그런 손으로 한 시도 가만히 앉아 있지 않으셨다. 하다못해

구멍 난 면장갑을 깁고 줄여서 왼손을 위한 장갑 만들기라도 하시는 것이었다. 돌아가신 뒤에 가족들은 뭉툭한 장갑들을 보면서 울었다.

그분은 멋쟁이셨다. 외출을 하시는 날은 최소한 두 시간을 단장하셨는데 면도, 세수, 머리 감기, 옷매무새 고치기를 끝으로 내게 머릿기름을 발라 머리 손질을 해달라셨다. 그리고 연미복 입은 제비처럼 말쑥하게 외출을 하셨다.

그렇지만 약주를 거나하게 들고 돌아오실 때는 아침에 준비하고 나갔던 모습을 찾을 수가 없어서 나를 종종 웃게 하셨다. 잔정이 워낙 많아서 아는 분들과 이야기하는 것을 좋아하셨고, 집에 찾아온 방문객은 동네 어귀까지는 배웅을 하셨다. 아이들을 좋아하고 아이처럼 천진한 웃음을 짓던 분이셨다.

술을 좋아하셨지만 그분을 아는 사람들 중에 그분을 싫어하는 이는 아무도 없었다. 나는 시아버지를 좁쌀영감님이라고 투덜거린 적이 있었다. 그리고 좁쌀영감님을 그리워할 때가 있을 것이라고 생각해 본 적도 있었다. 하지만 잘못한 것만 생각나는 이런 아픈 그리움이 될 줄을 그때는 몰랐다.

돌아가시기 전에 나와 함께했던 일은 짚비늘 쌓기였다. 빗물이 들어가지 않게 빙 돌아가며 짚단을 쌓아 가는 것인데 나는 짚단을 가져다 던져 올리고 시아버지께서는 받아서 쌓아 올렸다.

맨 꼭대기 지붕을 만들 때 한 손으로도 능숙하고 꼼꼼하게 짚을 엮는 솜씨를 유심히 보았었다. 그 논을 지나갈 때마다 짚비늘 하나하나를 보며 그냥 지나치지 못한다.

파도가 모래성을 쓸어가듯 아버지의 흔적이 하나 둘 사라져 갔다. 손수 해 놓으신 짚비늘도 겨우내 소먹이로 헐어졌다. 그분이 하루에도 몇 번씩 오가던 들길을 따라가면 들을 지키고 서 있는 빈 지게 하나 있다. 세상에 와서 맡겨진 짐을 묵묵히 두 어깨에 지다가 모든 것을 벗어놓고 홀쩍 가신 아버지의 외로운 발자국이 있다.

어느 날 아지랑이 실은 그 지게를 남편이 지고 아버지처럼 집으로 돌아왔다.

〈2001년 전북일보 신춘문예 당선작〉

조롱박 종소리

 유리잔에 담긴 물 위에 꽃이 하나하나 피었다가 가라앉는다. 꽃에서 우러난 자색 물빛이 고요하고 담담하다. 우선 눈으로 맛보고 마음을 적셨다. 그런 다음 차를 입안에 굴려 천천히 삼켰다. 꽃차에서 단내가 나는가 싶었는데 이내 자취를 감추었다. 꽃잎은 시간이 갈수록 더욱 진한 물빛을 만들었다.

 처음 만난 날 그 사람은 작은 유리병 속에 든 맨드라미꽃차를 내게 전해주었다. 붉은 빛이 살짝 걷힌 마른 꽃이었다. 여름을 손수 갈무리해서 만든 특별한 선물이었다. 주는 사람의 얼굴과 받는 사람의 마음이 붉게 물들었다. 살아가는 데 꽃차가 없어도 불편할 일은 없지만 일상의 여백에 꽃물을 들인다면 더러 마음이 꽃처럼 열리기도 할 것이다.

 그이가 살아가는 이야기가 맨드라미꽃차처럼 고왔다. 화려

하거나 자극적이지 않아도 스스로 녹아서 주변을 꽃빛으로 물들이는 사람이었다. 자신의 몫으로 온 이익을 앞에 두고도 자기보다 더 필요한 누군가를 위해 비켜서주는 사람이었다. 자신이 받은 은혜를 다른 사람에게 되돌려 주며 사는 모습이 보였다. 아껴둔 꽃차를 유리병 너머로 보곤 한다. 그 빛깔을 보며 그의 마음을 느낀다.

또 한 사람과 처음 만난 날, 헤어지는 인사를 하려는데 그가 작은 종이 가방을 내밀었다. 그 속에 조롱박 바가지가 들어있었다. 선물로 받은 박 씨를 시골집에 심었다가 가족들이 모여 조롱박 추수를 해서 만든 것이라 했다. 조롱박을 심고 기른 마음이 내게 와서 닿았다. 조롱박을 타고 손질하면서 가족들이 이야기를 나누며 웃음을 쏟아냈을 광경이 머릿속으로 스쳐 지나갔다.

그저 조롱박을 반으로 가른 투박한 모양을 하고 있었다. 가벼우면서도 단단하고 꼭지까지 붙어 있어 듬직했다. 집에 와서 보니 가방 속에 손글씨로 쓴 수줍은 편지가 들어 있었다. 내 어쭙잖은 글을 읽고 나를 만나기 전 설레는 마음을 적어놓았다. 웃음소리가 맑고 유쾌한 사람이었다. 그가 엿본 내 모습이 과연 거짓 없는 내 모습인지 잠시 흔들렸지만 읽는 동안 마음속에서 조롱박들이 소리를 내며 흔들렸다. 바가지 속에 편지를 넣어두었다. 빛바랠 일 없고 더 시들 일도 없는 바가지다. 처음에 만났을 때 설레고 떨리던 마음이 영원히 변하지 않을 리는 없다. 그렇지만 서로 속을 열어서 보이고 단단한 믿음이 생기면 좋겠다.

이국의 바닷가에 사는 원주민들이었다. 검은 피부를 가진 사람들은 옷을 따로 갖춰 입지 않았다. 부족장 이발하는 장면이 텔레비전에 나왔다. 이발사는 어디서 구했는지 깨진 유리 조각을 귀한 도구인 양 조심스레 꺼내어 곱슬곱슬한 부족장의 머리카락을 잘랐다.

"나는 부족장이니까 머리를 잘 깎아야 해." 하고 웃으며 말하는데 이발사의 얼굴에 감도는 옅은 긴장감을 보니 어쩐지 농담처럼 들리지 않았다. 이발이 끝나자 작은 거울을 본 부족장이 흡족해 했다. 그러더니 고마움의 대가로 구운 물고기 한 마리를 이발사에게 주었다. 물고기를 받은 이발사는 환하게 웃으며 좋아했다. 그 장면은 꽃차를 마신 것처럼 마음을 붉게 물들여 따뜻하게 데워주었다.

물고기 한 마리로 고마운 마음을 주고받다니. 동화 속의 이야기다. 아니, 호랑이 담배 피우던 때의 이야기다. 황금에 눈먼 시대에 별 의미 없이 스쳐 지나칠 이야기다. 하지만 이렇게 작은 것들이 마음을 흔든다. 아직도 이 세상 어느 모퉁이에선 조롱박 종소리가 울리고 쉼 없이 꽃이 피어 마음을 물들인다는 것이 새삼스럽다.

별이 산다네

산마을엔 어둠도 푸르게 내렸다. 옷 속으로 파고드는 바람이 제법 차가웠다. 이국풍의 집 창에 불빛이 비쳤다. 고향 마을을 물속에 두고 온 사람들이 모여 사는 곳이라는 설명 때문인지 불빛이 따뜻함보다는 쓸쓸함을 품고 있었다. 별이 산다는 마을에 별을 보러 갔다. 별은 조용한 곳, 외로운 사람 곁을 좋아하나 보다.

길라잡이를 맡은 사람은 어두울수록 별이 잘 보인다며 우리를 산 쪽으로 더 깊이 데리고 갔다. 발소리가 크게 들리고, 가끔 컹컹 개가 짖었다. 바짝 산 가까이 들자 시커멓게 서 있는 산이 무섭도록 크게 보였다. 겁먹은 내색을 못하고 몰래 침을 삼켰다. 졸졸 흐르는 시냇물 소리도 으스스하게 들렸다. 그러나 그 사이에도 맑은 공기가 가슴 깊은 곳까지 드나들며 세상

먼지를 씻어주었다.

  산길을 걷다가 하늘을 보았다. 어디쯤에 '안드로메다은하'나 '페가수스자리'가 있을 테지만 별자리가 뚜렷하게 보이지 않았다. 뿌연 구름 같은 것이 은하수려니 하며 고개를 젖히고 보았다. 별을 찾던 눈길은 하늘을 맴돌다 말았다. 그날 산속 더 깊이 들어가면 별을 볼 수 있었을지도 모르지만 으스스 추운 밤공기 때문에 아쉬운 발길을 돌렸다. 별 볼 일 없이 산 지 꽤 오래되었다. 게다가 이제는 어디서나 아무 때나 볼 수 없는 별이다.

  어느 여름밤에 우리 가족은 평상에 모여 있었다. 라디오 소리가 들리고 옆에서 모깃불이 타고 있었다. 그때 누워있는 내 눈 가까이에 쏟아질 듯한 별이 보였다. 턱 하니 숨이 막혔다. 그렇게 많은 별이 땅 가까이로 내려오는 날이 있었다. 하필 그 밤에 나와 별이 만났다. 그때부터 나는 우주가 얼마나 넓을까 무엇이 있을까 궁금했다. 함께 별을 보았던 아버지는 나와 초등학생인 동생을 남겨두고 그 이듬해 돌아가셨다.

  눈으로 막 쏟아질 듯하던 별이 가끔 꿈속을 찾아 내려왔다. 꿈을 깨고 나서도 영롱한 별은 머릿속을 맴돌았다. 그렇지만 나는 별다른 꿈 없이 살았다. 나의 별을 구체적으로 그린 적이 없다. 나아가야 할 목표도 세우지 않고 나의 별로 삼을 만한 사람도 두지 않았다. 그래서인지 돛대 없는 배처럼 이리저리 흔들리고 휩쓸리며 살았다.

어쩌면 공부가 내 별 중의 하나였는지도 모르겠다. 그 별은 참 멀리 있었다. 중학교 2학년 때 아버지를 여의고 날개가 꺾였다. 별을 바라볼 힘마저 잃었다. 길라잡이가 되어 줄 그 누구도 없었다. 남 보기에 아무 문제가 없는 모범생으로 중고등학교를 졸업하고 그럭저럭 대학교에 입학했다. 그러나 공부를 계속할 수 없는 형편이 되자 도피하듯 결혼을 하며 또 무릎이 꺾였다.

공부에 대한 미련이 목에 가시처럼 걸려 있었지만 시부모님과 시골살이하면서 아이들 키우다 보니 어찌할 도리가 없었다. 옴짝달싹못하고 내가 사는 집과 몇 군데 논밭 안에 갇혀 살았다. 아이들이 한창 학교를 다니는 틈에 내 공부를 한다는 것은 생각조차 힘든 일이었다. 그러다가 더 늦기 전에 매듭을 지어야지 싶어 나이 들어 다시 대학교 입학을 했다. 하필 그 무렵에 살림이 거덜날 만한 경제적인 어려움을 겪었다. 그 별은 또 멀어졌지만 이번에는 힘들어도 공부 줄을 놓지 않았다.

석사논문 준비를 하는 동안 어머니는 허리와 고관절 수술을 했다. 마음은 아프고 몸은 힘들었다. 돌아보니 내가 공부하는 길목마다 걸림돌이 길을 막곤 했다. 다시 주저앉을 수 없어 멍하니 뛰어다니며 마무리를 했다. 내가 어느 별 가까이 간 것인지, 별은 얼마나 더 멀리 있는지 가늠할 수 없지만 최선을 다했다.

가끔 어렸을 때 머리 위로 쏟아지던 그 별이 보고 싶다. 누군가 얼마 전에 지리산에서 왕방울만 한 별을 보았다고 하기에 반가웠다. 과장된 표현이 싫지 않았다. 오히려 그렇게 표현한 사람이 고와 보였다. 아직도 사람이 닿지 않는 곳에 별이 산다니 기뻤다.

가을이 깊은 금산사 마당에 별이 내려왔다. 만등을 켠 사람들의 마음이 별처럼 달렸다. 사람의 손이 닿을 수 있는 곳에 매달린 별, 등 아래 마당이 따뜻했다. 누군가를 위해, 무언가를 위해 기도하며 불을 켠 정성과 간절한 소원이 뿜어내는 온기가 고요하게 넘실댔다.

좀 높은 곳으로 올라가 내려다보니 점점이 무늬를 지은 등불이 별자리처럼 빛났다. 어린 날 보았던 별이 떠올랐다. 오랫동안 못 만났지만 어디에 숨어 있다가 그날 밤처럼 숨 막히도록 반갑게 만날 날이 있기를 바랐다.

사람들은 아직도 별을 잊지 않고 있다. 따고 싶은 별과 별을 따주고 싶은 사람 하나쯤 가슴에 품고 산다.

더듬이

 열무 한 단과 얼갈이배추를 샀다. 괜찮다고 하는 내게 노인은 굳이 덤으로 상추를 주섬주섬 담아 건넸다. 저물어 가는 길모퉁이에서 사람의 마음이 오고갔다.

 김칫거리 간을 하려고 바삐 움직였다. 배추를 씻자니 달팽이 한 마리가 떼구르르 굴렀다. 처음엔 그러려니 했는데 배추 찌꺼기를 건져낸 작은 소쿠리 속에서 더듬이를 쭉쭉 펴고 움직이자 순간 손가락이 오므라들었다. 내 생각의 중심에 배추만 있었기에 그 속으로 갑자기 뛰어든 달팽이는 작은 침입자였다.

 더듬이를 감추고 가만히 있었으면 별 생각 없이 지나쳤을 텐데 달팽이는 의욕적으로 탈출을 시도했다. 배추밭에서 마음 놓고 살던 달팽이가 시끄럽고 메마른 곳에서 하루를 보내고,

갑자기 물에 빠져 휩쓸리다가 밖으로 나왔으니 어리둥절했을 것이다.

생명을 위협받는 달팽이에 비할 바는 아니지만 나도 당황했다. 예전에도 이런 일이 가끔 있었다. 그땐 달팽이 몸집이 그보다 작았고 죽은 것 같아서 배추 쓰레기와 함께 아무런 갈등 없이 버렸다. 시골 같으면 걱정하지 않아도 될 일이었다. 김칫거리를 다듬고 남은 것과 함께 거름자리에 던지면 거기서 따로 살아갈 방도가 있을 터이다. 그런데 나와 그 달팽이는 15층 아파트 꼭대기에 있었다.

아무렇게나 방치했다가 이런 기세로 기어 다니는 달팽이와 집 안 어디에서 마주치기라도 하면 서로 놀랄 건 뻔한 일이다. 그렇다고 살려고 안간힘을 쓰는 목숨을 쓰레기 비닐봉지에 던져 넣거나 억지로 죽일 수도 없었다. 안 그래도 바쁜 시간에 달팽이 한 마리를 들고 엘리베이터를 타고 내려가서 화단에 놓아준다는 것도 내키지 않았다. 내게 무슨 그만한 자비심이 있거나 투철한 환경의식이 있는 것도 아니었다.

어쩔 줄 몰라 어정쩡하게 앉아 있는 사이 달팽이는 소쿠리를 넘고 있었다. 나는 반사적으로 소쿠리를 베란다 창가로 가져갔다. 방충망을 열고 손가락 두어 마디밖에 안 되는 공간에 그놈을 살며시 내려놓고는 성큼 들어오기라도 할세라 문을 얼른 닫아버렸다.

거기는 푸른빛이라고는 전혀 없는 창틀과 시멘트벽이 있을 뿐이었다. 곁눈질을 하며 보았더니 달팽이는 더듬이를 뻗으며 우왕좌왕하고 있었다. 나는 몹쓸 짓을 한 사람같이 마음이 불안했다. 달팽이를 던져줄까 생각도 했지만 돌에라도 부딪히면 달팽이집이 깨져버릴 것이기에 그럴 수도 없었고, 다시 데리고 오기엔 손이 간질거렸다.

슬며시 베란다 아래를 내려다보았다. 좌로나 우로나 아래를 봐도 달팽이가 살아남기 위해 가야 할 길은 아득했다. 어디 둘 곳 없어 허둥대는 달팽이 더듬이를 보니 내가 살면서 방향을 잃고 더듬거리던 날 그 답답했던 느낌이 가슴으로 밀려들어 왔다. 지칠 때마다 사람답게 살기 위해 희망을 향한 촉각을 곤두세웠듯이 달팽이도 달팽이답게 살기 위해 더듬이를 끊임없이 닦아오지 않았을까.

왔다 갔다 하다 다시 보니 달팽이는 보이지 않았다. 달팽이를 살려주었다고 할 수 없었다. 어쩌면 죽음보다 더한 고통 속으로 내친 것이 아니던가. 말랑말랑한 흙과 연한 배춧잎을 쓰다듬던 더듬이로 딱딱한 시멘트를 더듬어 어디까지 간 것일까. 아파트 사방 벽에 어둠이 내리고 있었다. 그때서야 운 좋게 발을 헛디뎌 화단 나뭇잎에라도 떨어지기를 바라는 어쭙잖은 동정심이 슬쩍 지나갔다.

식구들이 더운밥에 김치를 얹어 맛있게 먹는 밥상머리에서도 달팽이의 더듬이가 떠올랐다. 저나 나나 어쩌다 발붙일 흙 한 뼘 없는 회색 건물 꼭대기로 내몰려 왔는데, 손발 있는 내가 푸른 잎 하나 내밀어 주지 못한 옹졸한 마음이 서걱서걱 김치에 섞여 씹혔다.

잊혀가는 것들을 부른다

버들강아지 눈도 틔울 듯이 따뜻한 겨울날이었다. 스멀거리는 햇볕의 유혹에 못 이겨 자전거 위의 오래된 먼지를 털어냈다. 꿈속에서 딱 한 번 자전거를 타보았을 뿐인데 시아버지는 새며느리에게 빨간 자전거 한 대를 사다주셨다. 시장길이 멀어 꼭 필요할 것이라고 하셨다. 자전거를 탈 줄도 모르고 탈 생각만 해도 겁이 났지만 마냥 세워놓을 수도 없었다. 그래서 시간 날 때마다 만져보다가 안장을 낮춰 앉아도 보며 천천히 끌고 다녔다.

한 발이 땅에 닿게 비틀비틀 다니다가 두 발로 페달을 밟게 되었을 때의 기분이라니. 그렇게 자전거와 나는 정이 들어갔다. 새참 준비를 하느라 시장을 오갈 때도 같이 갔고 논밭을 오갈 때도 털털거리며 함께 다녔다. 한번은 잠깐 가게에 들어

갔다 나온 새에 자전거가 보이지 않았다. 정신없이 주위를 돌며 찾아도 보이지 않았다. 십 년이 넘어 볼품없었지만 며칠이 지나고 한 달이 되어도 자전거 생각이 지워지지 않고 서운한 마음만 더해 갔다.

생명이 없는 것과도 인연이 맺어지는 모양이다. 그날따라 잘 가지 않는 방천길을 돌아 차를 타고 밭에 가는 길이었다. 스쳐 지나가는데 무성한 풀숲 사이로 언뜻 빨간색이 보였다. 급히 차를 세우고 내려가 보니 내 자전거가 누워있었다. 정든 사람을 만난 듯이 목울대에서 뜨거움이 울컥 넘어왔다. 누군가 타고 가다가 둑 아래로 밀어버린 것 같았다. 녹이 슬고 초췌해진 자전거를 닦고 손을 보아서 다시 살뜰히 타고 다녔다.

자전거를 두고 도시로 나온 뒤 가끔 집에 들르면 늙은 자전거는 먼지를 뽀얗게 뒤집어쓰고 앉아서 흐린 눈으로 선하품을 하고 있었다. 노란 송홧가루가 앉아 있을 때는 그나마 운치가 있어 칠이 벗겨진 몸이 좀 나아보였다. 무엇이 그리 바쁜지 갈 때마다 흘깃 쳐다보고는 먼지 한번 털어내 주지 못하고 돌아왔다.

자전거를 타고 까막재 쪽으로 달렸다. 오랜만에 타는데도 전혀 어설프지 않았고 기분이 상쾌했다. 풀씨가 마음대로 자라던 들길이 말끔하게 포장되어 있었다. 들 가운데 생뚱하게 앉아 있던 동뫼가 깎여나가고 논밭이 두부모처럼 네모반듯해졌다. 사람들이 목을 축이던 장산 아래 참샘이 말랐다. 동뫼에 가려서 잘 보이지 않던 까막재가 이제는 새로 난 철길 때문에 가려졌다. 시아버지는 까막재 가는 길 철둑 너머, 참샘밭 가에 잠들어 있다.

참샘 밭둑에는 일찍 봄볕이 들었다. 정월대보름이 지나면 소쿠리를 들고 나가 마른 풀 속에 올라온 쑥을 찾았다. 아버지는 거름을 내고 소쿠리 속에 담아간 새참을 맛있게 드시며 내게 말했다. "쑥이 욕 안 하더냐?" 등에 햇볕을 업고 있어도 아직 차가운 바람이 볼을 스칠 때였다. 그 밭에 수박을 심던 해 아버지는 원두막을 짓고 여름을 났지만 수박서리 온 동네 아이들은 잡지도 못하고 익지 않은 수박과 수박 순을 밟혔다. 그리고 돌아가시기 몇 해 전부터 그곳에 잠들 터를 잡아놓고 집으로 돌아가듯 가셨다.

한참 동안 마을 앞에 있는 작은 들이 내 세상의 전부였다. 그리 넓지 않은 들과 눈을 멀리 들기도 전에 시야를 막는 산이 때로는 답답했다. 저녁 준비를 해놓고 식은 반찬을 데우고 식히기를 거듭하며 들에서 돌아올 식구들을 기다리면 멀리 까막재 마을에 불이 하나 둘 켜졌다. 그럴 때면 그 불빛 아래에는 누가 사는지 사람 냄새가 그리워지기도 했다. 그리곤 지친 몸으로 돌아오는 시부모 앞에서 송구스런 마음에 어찌할 바를 몰라 동동거리며 따순 밥을 차렸다.

철이 바뀔 때마다 들에 피어나는 풀과 꽃이 좋았지만, 길이 끝나는 까막재 앞에서 다시 집으로 돌아오는 길밖엔 길이 없었다. 아직 겨울인데 봄까치꽃, 물봉선, 쑥부쟁이…. 이름만 부르면 금세 꽃이 피어 들길을 덮을 것 같다. 구불구불 울퉁불퉁하던 옛길은 아닌데 까막재 가는 길은 아직도 정답다. 어느 길 어느 모퉁이에선가 다시 오지 않을 지난날들이 툭 튀어나올 것 같다. 까막재 가는 길 위에서 잊혀가는 것들을 못내 그리워한다.

불퉁지 버무리던 날

 해가 저무는 건널목에 사람들이 모여 붐볐다. 신호등 아래 시든 상추 한 소쿠리가 보였다. 마침 동 오른 상추였다. 며칠 전 입맛 잃은 어머니께서 "하지가 지나면 불퉁지가 먹을 만한다……." 하시던 말씀이 생각나 반가웠다.
 노랗게 날리던 송홧가루도 잠잠해지고 산밭 고랑에 뻐꾸기 소리가 떨어질 무렵이면 봄 입맛을 돋우던 상추에 동이 오른다. 한 잎씩 따내던 이파리는 점점 작아지고 상추는 서둘러 꽃대를 밀어 올린다. 꽃이 피기 전 통통한 꽃대를 설렁설렁 끊어 둥근 돌로 툭툭 깬 다음 소금으로 살짝 숨을 죽인다. 확독에다 통고추와 마늘을 갈아서 김칫거리를 넣고 바로 버무린다. 마당 우물가에 있는 확독은 보리나 콩, 들깨를 갈고 겉절이도 버무리는 요긴한 돌이었다.

어머니가 말하는 불퉁지는 그것이다. 하루내 밭에서 일을 하고 돌아온 어머니의 어머니가 텃밭에서 자란 상추 대를 끊어다가 반찬을 만들어 서둘러 차려 주시던 초여름 맛이다. 고단한 땀 몇 방울 떨어진 김치, 살짝 으깨진 상추 대가 연한 상추 잎과 섞여 입 안을 쓰다듬고는 이윽고 가슴까지 닿아 쌉쌀한 하루를 어루만지는 맛이다.

 손으로 한 가닥 집어다가 밥숟가락 위에 척 걸쳐서 우물우물 꿀꺽 삼키면 소박한 밥상에 둘러앉은 식구들이 새삼스레 가슴으로 확 당겨지는 그런 맛이다. 노란 상추꽃이 하늘로 올라가 하나 둘 별로 피어나는 맛이다. 초저녁 졸음이 나붓이 내려앉는 맛이다.

 어머니가 외할머니와 씀바귀 앉은 고향 돌담을 품고 하는 말씀이라는 것을 안다. 담 너머로 갓 버무린 김치 한 보시기 주고받던 어릴 적 그림이 머릿속에 환하게 그려지고 있을 것이다. 철이 들지 않아도 좋았던 시절, 그때 먹었던 음식들이 갈수록 기억 속에서 옛정처럼 되살아나는 것이 분명하다. 텃밭이 제 세상인 양 흐드러지게 키를 키우던 상추여서 여태 귀한 줄 몰랐다.

 상추를 담은 봉지를 들고 돌아설 때였다. 낯익은 얼굴과 딱 마주쳤다. 까맣게 잊고 있던 고향 사람이다. 그는 누구와도 눈을 마주치는 일이 없었다. 들로 산으로 뛰어다니면서 날궂이를 하던 사람이다. 그가 혼자 중얼거리면서 뛰어다닌 다음 날은 꼭 비가 온다고 했다. 새댁이었던 나와는 제법 떨어진 마을에 살았지만 뛰어다니던 그를 먼빛으로 몇 번 보아 알고 있다. 밥술깨나 먹던 집안이었고, 머리 좋은 형제들이 있는 사람이 왜 그러는지 아무도 몰랐다. 그런 그가 어찌어찌 장가를 들어 딸 하나 낳은 일도 면소재지 구석구석에 퍼졌던 이야기다.

짧은 머리와 두리번거리며 서두르는 듯한 모습이 예전 그대로였다. 반가운 마음에 그가 나를 못 알아볼 것이라 생각하면서도 어떻게 여기까지 왔느냐고 먼저 말을 건넸다. 그는 눈을 동그랗게 뜨며 "어ㅡ어, 형수. 나? 놀러 나왔지." 하는 것이었다. 도시로 이사 온 지 십여 년이 지난 나에게 여기로 이사 나왔느냐고 고개를 갸웃하며 묻는 말에 괜히 울컥 목이 메었다.

우리는 마치 오랜 친구처럼 인사를 나누었다. "딸은 많이 컸지요?" "인자 고등학생이여." 환한 그의 대답에 힘이 들어가 있었다. "이쪽으로 쭉 내려가면 어디 가는 길이여?" 할 땐 곧 날이 어두워질 텐데 아직도 낯선 길에 있는 그가 걱정스러웠다. 시외버스 정류장으로 가는 동안 자주 길을 물으라고 당부했다. 처음 길은 아닌 듯하고 대답이 당당해서 그나마 마음을 놓았다.

객지에서는 고향 까마귀도 반갑다지만 그를 만난 것은 그런 반가움으로는 설명할 수 없는 별다른 느낌이었다. 세상일은 안중에도 없이 비를 타고 무지개 너머로 달아나려던 사람이 고향사람이라고 나를 알아보다니. 내가 형수뻘 되는 것까지 알고 있다는 것이 신기했다. 처음으로 마주 본 그의 눈이 옛집 외양간에 있던 송아지 눈을 닮았다.

집에 돌아와 확독 대신 도마 위에 상추 대를 놓고 작은 절굿공이로 툭툭 두드렸다. 살짝 숨을 죽여 씻은 다음 물기를 뺐다. 갈아서 얼려 놓았던 물고추를 녹여 갖은 양념을 했다. 길에서 만난 사람 이야기도 넣고, 어머니가 그리는 초여름 저녁과 잃었던 입맛이 살아나기를 바라는 마음을 넣어 김치를 버무렸다. 지금쯤 고향 텃밭엔 상추꽃이 피겠다.

소년

좁은 길 위에 소년이 오도카니 앉아 있다. 정물처럼, 실뭉치처럼 오랫동안 그렇게 있었던 듯하다. 기울인 머리는 무릎에 닿았지만 얼굴은 앞을 향하고 눈은 어딘가를 응시한다. 갸울어진 눈이 아득하다. 누군가의 목소리나 발걸음 소리를 찾는지 귀만 쫑긋 살아있다.

종이에 연필로 그린 그림은 스케치나 미완성 그림 같다. 바람결인 듯 가로로 그은 선 몇 개와 빗줄기 같은 세로 선이 소년 주위에서 끊어졌다 이어진다. 잎이 없는 나무 한 그루와 그 대각선 방향에 있는 나무 밑동 사이에 소년이 있다.

소년의 엉덩이에 외로움으로 흥건한 그림자가 닿아 있다. 이중섭의 〈소년〉은 왈칵 눈물을 데리고 왔다. 기다림, 소년의 기다림은 무모하고 지루하고 끝이 보이지 않는다. 누군가의 손이 닿는다 해도 꿈쩍도 않을 것 같다. 그 눈빛과 굳어버린 몸이 하고 싶은 말을 다 했는데 굳이 잘린 나무 그루터기까지 소년 앞에 두어 가슴을 철렁하게 할 건 뭐람.

책 속에서 만났던 화가 이중섭이 소년의 모습 위에 겹친다. 그리운 아내와 아이들을 바다 건너 일본에 떼어 놓고 가난하고 외롭게 굳어간 사람. 그는 소년처럼 맑은 사람이었다.

아침에 우연히 컴퓨터에서 이중섭의 〈소년〉을 만났다. 그림 속에서 회색빛 마른 바람이 일어나 배경에 깔린 '유키 구라모토' 음악과 〈소년〉을 버무렸다. 집을 나서는데 뿌연 마음속에 때 아닌 찬바람이 일었다. 소년의 기다림과 그리움의 끝은 어디일까. 나는 지금 무엇을 기다리며 살아가는지, 하루 내내 소년의 모습이 가슴에 안겨 있었다.

저녁에 돌아와서 다시 〈소년〉을 찾았다. 아침에 있던 그 자리에 그대로 있다. 나뭇잎이 다 떨어지도록 기다린 세월의 가지에 새순이 돋을 기미가 보이지 않는다. 동그마니 앉은 그리움, 혹은 기다림이 슬퍼서 아름답다.

어느 해 추석에 오빠를 기다렸다. 집집마다 떠나 살던 사람들이 찾아 들었지만 오빠가 오지 않았다. 해가 저물 무렵엔 집 뒤 언덕에 올라가서 오빠를 기다렸다. 꼼짝 않고 한곳만 보고 있는데 점점 동네로 접어드는 먼 길이 잘 보이지 않았다. 해는 지고, 오빠는 오지 않았는데 달은 둥실 떴다. 일찍 집을 떠나 객지를 떠돌던 오빠는 그때 달도 뜨지 않는 어느 외진

곳에서 그림 속 소년처럼 웅크리고 있었는지 모른다.

내가 떼를 쓰며 오빠를 따라갔는지, 아니면 오빠가 데려갔는지 버들개지 피는 어느 골짜기에서 오빠가 건네주는 개구리 뒷다리를 먹은 기억이 난다. 선머슴 오빠 친구들은 얼음이 막 풀린 뒷산을 휘젓고 다니다가 개구리를 잡아 불을 피웠던가 보다.

내가 어른이 된 뒤에도 오빠와 나 사이에 '개구리 뒷다리'는 무슨 암호 같은 역할을 했다. 비위가 약해서 가리는 음식이 많은 내게 "왜 이래. 개구리 뒷다리까지 먹은 사람이 뭔들 못 먹겠어." 하며 놀리곤 했다. 중학교 들어가서는 오빠가 듣던 팝송을 따라 들었다. 그 뒤로는 우리가 함께 만든 추억이 몇 가지 없다.

오빠는 여리고 정이 많아서 늘 외로워했다. 하늘은 오래 정 붙일 가족조차 곁에 허락하지 않아서 세상을 떠나던 밤도 혼자였다. 내 알량한 글재주를 어여삐 여기던 오빠가 외로워서 가슴을 움켜잡을 때, 나는 나대로 돌무더기 위에 핀 메꽃같이 안간힘을 쓰며 하루하루를 피워내고 있었다. 문득문득 웅크린 〈소년〉 같은 오빠의 모습이 떠올랐지만 곧 털어냈다.

한꺼번에 아래를 향해 나팔을 불던 '천사의 나팔꽃'이 꽃잎을 접고 시드는 모습을 유심히 본 날, 오빠도 심장을 고이 닫았다. 개구리 뒷다리를 구워주던 오빠는 눈을 감아야 볼 수 있는 곳으로 갔다. 맑아서 슬픈 그리움만 던져 주고 갔다. 외로움이

란 소년의 엉덩이에 붙은 그림자처럼 사는 내내 따라다니는 것이겠지만 소년과 오빠에게 붙은 그림자를 뚝 떼어내고 손을 잡아 일으키고 싶다. 하지만 그것은 내가 영영 할 수 없는 일 중의 하나가 되었다.

개밥바라기별 뜰 때

 책 욕심이 많았던가 보다. 친척 집 책꽂이에 가득하게 꽂힌 동화책을 보고 눈이 휘둥그레졌다. 집에 올 때까지 그 앞에 붙어 앉아 있었다. 결혼하면서 싸들고 온 몇 권의 책과 남편이 가지고 있던 책은 다시 들춰보지 않는 것들이었지만 버리지 못했다. 어쩌다 한가로이 서점에 들러 키를 낮추거나 목을 빼면서 책 구경하는 것이 좋았고, 거실 책장에 책이 빼곡하게 찰수록 배가 불렀다. 아이들이 좋은 책을 읽으면서 멋지게 자라기를 바랐다. 내가 모아 놓은 책을 아이들이 읽으면 공감하는 부분도 있고 얘기도 통하겠지 싶었다.

 그러나 생각처럼 아이들이 내가 읽었던 책을 뽑아 읽지 않았다. 꾸준히 읽히는 고전 말고는 책도 유행을 타서 그들이 읽는 책은 또 새로운 것들이었다. "이것 읽어 봐라." 하고 내어

주는 것도 한두 번이지 매번 강요할 수도 없었다. 시간이 갈수록 책이 많아졌다. 도시의 좁은 집에 대책 없이 쌓이는 책이 부담스러웠다.

내가 모아들인 책을 내가 털어내지 않으면 안 되겠다는 생각이 들었다. 언젠가는 치워야 될 시골집 책도 갈 때마다 몇 권씩 골라서 버렸다. 간직해야 할 이유가 있는 책들, 자료가 될 만한 책들 범위에서 멀리 떨어진 것부터 버렸다. 애정을 갖고 있는 내 손으로 책마다 묻어 있는 감동과 사연을 쓰다듬으며 이별을 했다.

그럭저럭 책이 줄어들었다. 그런데 제일 골치 아픈 책은 다른 것이 아닌 내가 낸 수필집이었다. 곰팡내 나는 글이 쌓이자 멋모르고 덜컥 책을 내고는 어찌할 줄을 몰랐다. 우렁각시로 살아온 내가 부끄러움 무릅쓰고 책을 줄 사람은 아무리 둘러봐도 몇 되지 않았다. 책이 나온 다음 어쩌다 명함 대신 주는 일이 있었지만 책은 좀체 줄어들지 않았다. 쌓아놓은 책 박스가 몇 년 동안 집 한 귀퉁이를 눈치 없이 차지하고 있어 식구들 보기에 민망했다.

누군가에게 밥도 무엇도 되지 않는 글을 쓰는 일이 부끄러워질 즈음 이사를 하게 되었다. 무거워서 마음대로 굴릴 수도 없는 책 박스를 며칠 머릿속에서 들었다 놓고, 이리저리 굴려보아도 그것이 재주를 부려 다른 것으로 변하지 않았다. 이사 가면서 다시 끌고 갈 마음도 생기지 않았다. 세월이 흐른다

해도 쓸모없기는 마찬가지일 터이니 이쯤에서 놓아버려야 했다. 박스째 들 수 있는 무게가 아니라서 봉지에 담아 몇 번을 재활용 쓰레기장에 갖다 버렸다. 책은 갖다 놓자마자 누군가가 가져가기 때문에 몰래 버릴 일은 없지만 어쩐지 인적이 뜸한 저녁 무렵에 버려야 할 것 같았다. 팔이 후들거리자 책 무게만큼의 죄 없는 나무만 못살게 했다는 생각까지 들면서 누가 볼까 부끄럽고 힘이 빠졌다.

그래도 남은 열댓 권은 차마 버릴 수 없어 바스락거리는 연민과 함께 비닐봉지에 쌌다. 집과 밖을 몇 번 오가고서야 책 버리는 일이 끝났다. 마지막 봉지를 들고 갔을 때, 하필 신문지나 박스를 버리러 갈 때 더러 마주치는 할머니를 만났다. "나 주시오." 하며 반가워하던 할머니는 왜 이런 새 책을 버리느냐며 책과 나를 번갈아 보셨다. 그러고 보니 하얀 표지의 책이 유난히 말쑥해 보였다. 할머니께 가져가시라고 하며 돌아서는 뒤꼭지가 뜨끈했다. 책에 사진이나 넣지 말 것을.

걸음을 서두르는데 어이없게도 내 글과 책이 드디어 한술 밥이 될지도 모른다는 생각이 반짝 들었다. 스스로에게 건네는 헐거운 위로였을까. 그래서 그리 믿기로 했다. 나무에게는 미안한 일이지만 내 책은 그렇게 할머니를 따라가서 겨우 한술 밥이 되었다, 개밥바라기별 뜨는 저녁에.

꿈

 꿈에 천상에서 연주하는 듯한 웅장하면서도 은은한 교향곡을 들었다. 클래식 음악에 문외한인 내 귀를 통해 밀물처럼 흘러드는 음악이 주는 감동이 벅찼다. 분명히 천사들이 하나님을 찬양하는 소리이지 싶었다.
 어느 때는 꿈속에서 절로 감탄을 자아내는 시를 읽기도 하고, 직접 쓰기도 한다. 단편 소설을 쓰면서 그 작품의 주인공이 되었다가 밖으로 빠져나와 다시 작가가 되기도 한다. 점입가경인 것은 멋진 옷을 디자인하기도 하고, 꿈같은 색채로 염색도 한다. 생시에 못 보던 그림을 감상하며 무아지경에 빠지기도 하는데 꿈을 깨고 나면 모든 것이 잡히지 않는 것들이어서 늘 허전하다. '내게 피우지 못한 무엇이 잠재되어 있는가?' 하고 쓴웃음을 짓는다.

어려서 무서운 꿈을 꾸거나 높은 곳에서 떨어져 깜짝 놀라 잠이 깨면 어머니는 키 크려고 그러는 것이라며 토닥여 주셨다. 덧붙여서 나이 들어 그런 꿈을 꾸면 늙는다고 하셨는데, 그럴 때마다 나는 어머니 생각에 슬퍼졌다. 오래전에 돌아가신 아버지 무릎에 앉아 있는 꿈을 한 번쯤 꿀 법도 하건만 아버지는 꿈속을 찾지 않으신다. 어린 나와 동생의 마음에 짐이 될까 봐 마지막 모습도 보여주지 않았던 마음을 끝까지 갖고 계시는 모양이다.

내 나이 스무 살 무렵은 안개가 자욱했다. 아버지의 빈자리를 채우는 오빠가 늘 가슴에 얹혀서 학교를 휴학하고 일할 곳을 알아보았지만 여기저기서 이른 혼담만 들어왔다. 결혼은 생각지도 않았기 때문에 당혹스러웠다. 결혼하던 해 정초에 꿈을 꾸었다. 나는 낯선 집 대문 앞에서 그 집안을 기웃거리고 있었다. 대문 앞에는 작은 개울이 흐르고 대문 왼편에 'ㅇㅇ농장'이라고 쓰인 돌이 서 있었다.

집 밖에서 보면 'ㄷ'자 모양으로 안채와 사랑채, 마구간이 있었다. 안채는 지붕이 낮은 오래된 집이었다. 그때 샘 곁에서 숫돌에 낫을 가는 오빠가 보였다. "오빠, 우리 이사 왔어요?" 하고 물었더니 오빠는 고개를 끄덕였다.

꿈을 까맣게 잊고 있던 그해 여름, 머리도 식힐 겸 어머니와 함께 외가에 갔다. 그곳에서 어머니는 내게 넌지시 결혼 얘기를 내비치셨다. 도시에서 직장 생활하다가 적성에 맞지 않아

내려온 서른 먹은 총각이 있는데 성실하고 착한 사람이라 했다. 그리고 총각의 아버지는 외삼촌과 친구라서 서로 속고 속일 것도 없다는 말씀을 덧붙였다.

두어 번 만나 얘기를 해보니 성실하고 속이 차있는 사람이라는 느낌이 들었다. 결혼할 생각은 하지도 않았지만 사람을 나쁘게 얘기하지 않았던 것이 승낙한 것으로 보여 결혼 날짜까지 잡게 되었고 철없는 나이에 결혼을 했다.

시댁은 손이 많이 가는 밭농사를 주로 하기 때문에 날마다 하루에 두 번씩 새참을 해 날랐다. 많은 식구의 빨래도 만만치 않았다. 이른 봄부터 겨울까지 지칠 틈도 없이 시간이 갔다. 그러던 어느 날, 여느 때처럼 집 앞 작은 개울에서 빨래하다가 갑자기 꿈 생각이 났다. 집 구조나 모든 것이 꿈에서 본 그대로였다. 오빠가 낫을 갈던 자리에서 시아버지와 남편이 낫을 갈곤 했다. 남편이 농민 후계자라서 농장 이름을 쓴 팻말이 대문 왼편에 있었다. 'ㄷ'자로 앉은 집과 마구간, 내가 빨래를 하는 개울, 머리가 쭈뼛하도록 놀랐다. 내가 몇 달 후에 이곳에서 살게 될 것을 누가 알려 준 것일까?

그리 정해져 있었다면 발뒤꿈치가 갈라지도록 뛰어다녀야 하는 날들을 순순히 보듬어야 했다. 새참을 이고 가다 만난 풀 섶의 쑥부쟁이 꽃잎에 눈물을 떨어뜨리지 않아야 했다. 언제부턴가 김매는 귓가에 뻐꾸기 소리도 들리고, 뽑아 버리는 풀에서 향기를 맡을 수 있게 되었다.

꿈 91

한동안 꿈을 꾸지 않았다. 내 영혼은 꿈조차 꿀 수 없는 깊은 잠에 빠져 있었는지 모른다. 친구도 없고 아는 이도 없는 곳에 시집온 어린 각시가 있었다. 낯선 시집살이를 하며 속으로 울던 날이 많았다. 그리운 친구를 꿈에 본 아침엔 청솔가지를 태우는 것도 아닌데 자꾸자꾸 눈물이 나서 부지깽이로 불을 헤집으며 빈 사립문 밖을 몇 번이고 바라보았다.

거미

 사무실 벽 귀퉁이, 까만 점이 공중에 떠 있었다. 겨우 눈에 띄는 그것을 치우지 않고 두고 보았다. 거미인가? 며칠 살펴보니 작은 움직임이 있는 것도 같았다. 한 점 먼지만 한 거미쯤이야 청소를 하면서 단숨에 걷어 버릴 수 있었다.

 하지만 그때는 아들이 훈련소에 있을 때였다. 예비 장병들이 모인 연병장엔 불볕더위가 똬리를 틀고 있었다. 두려움과 아픔이 묵직하게 가슴을 눌렀다. 이 년 동안 내 손이 닿지 않는 불투명한 세상으로 보내려니 답답하고 불안했다. 꼭 잡고 있던 손을 놓고 가는 아들을 붙잡을 수 없었다. 비집고 나오려는 눈물을 꾹꾹 눌렀다. 사위스러운 것들은 걷어내야 했다. 그래야 아들이 평안할 것이다 싶어 입고 갔던 사복이 왔을 때도 울지는 않았다.

거미줄도 보이지 않더니 며칠 지나자 무엇을 먹고 사는지 먼지 같던 거미가 조금 커졌다. 이런저런 깊은 생각을 한 것은 아닌데 생명이 있는 것을 쉽게 훔쳐내기가 꺼려졌다. 오다가다 눈에 띄는 벌레도 단번에 탁 쳐서 없애버리지 못했다. 말조심하고 발 조심하고 손 조심하는 것이 아무 힘도 없는 어미가 할 수 있는 기도였다. 온통 아들한테 마음이 가 있었지만 그것조차 드러나지 않도록 눌렀다.

오늘은 화생방 훈련을 한다던데, 가만있어도 숨이 막히는 날씨인데······. 조마조마한 마음으로 지내던 어느 날 훈련소 카페에 반짝 올라온 아들 모습을 보았다. 더 짧아진 머리에 구릿빛 얼굴, 내 눈에 더 야위어 보이는 아들이 훈련병들과 함께 웃고 있었다. 그 세상은 어떤 세상인지 나라의 허락 없이는 목소리도 듣지 못하는 곳이었다. 한참을 허우적허우적 허수아비처럼 지냈다.

나도 입맛을 잃었지만 식구들 밥상도 섬닷했다. 반찬을 만드는 일도 힘이 나지 않았다. 처음 걸려온 효도전화를 받았다. 뒤에 길게 줄 서 있는 장병들이 있을 터였다. 쫓기는 듯한 아들은 목소리를 높여서 잘 있으니 걱정 마시라고 틀에 박힌 인사를 했다. 인사말에 무슨 의미가 있던가. 목소리에 귀를 기울이며 "그래, 그래." 건성으로 대답했지만 '건강하기만 하거라.' 그 바람뿐이었다.

훈련의 마무리는 야간 행군이었다. 자다가 깜빡 잠이 깨면 어디 만큼 갔을까 하고 아들 생각을 했다. 무거운 군장 때문에 어깨가 벗겨진다던데, 발바닥에 물집이 잡힌다던데, 어두운 산길을 오르내리며 헉헉거릴 모습을 좀 더 생생하게 떠올리며 그 고통에 동참했다. 밤새 행군을 한 아들들이 부대에 무사히 도착했다는 소식이 카페에 올라왔다. 아들이 성큼 자라 있을 것 같은 생각이 들어 뿌듯하고도 안쓰러웠다.

아들은 훈련소를 나와 자대배치를 받았다. 그것으로 마음을 놓을 수 없었다. 그도 그럴 것이 이제 본격적으로 선후임과 밀착된 생활을 하게 될 것이었다. "부지런히 일하고, 예의 바르게 행동하고, 선임 대우 잘하고……." 걱정이 앞서 잔소리를 했지만 뭐라 한들 제 몫의 짐이었다.

그새 찬바람이 나고 더디게 거미도 자랐다. 담배연기보다 흐린 거미줄도 보였다. 꼭 거미줄을 걷어야 하나. 별난 고민을 했다. 이제껏 생각할 것도 없이 싹싹 걷어낸 거미줄이 얼마나 많은데.

아들 계급이 하나씩 올라갔다. 하지만 이제 선임도 있고 후임도 있으니 그 또한 쉽지 않은 군대 생활일 것이다. 그럭저럭 국방부의 느린 시계가 갔다.

그 무렵 유난히 군대 사고 소식이 자주 들렸다. 구타하고 괴롭히고, 일병도 상병도 죽고 죽였다. 방송에서는 아무 대책도 없이 중계하듯이 날마다 나팔을 불었다. 남의 일 같지 않은 그런 소식 듣는 것이 힘들어서 아들이 무사히 전역했다는 말도 마음대로 못 했다.

　어른들이 '거미 같은 자식을…….'이라는 말을 할 때, 왜 하필 '거미 같다'고 하는지 이해가 안 됐다. 지금도 분명한 뜻은 모르지만 거미는 거미줄 속에서 혼자 사는 곤충이다. 형제 없이 외롭게 자란 자녀를 두고 한 말 같다. 그러고 보니 요즘 아이들이 '거미 같은' 아이들이다. 형제가 함께 자라는 일도 드물지 않던가. 요즘 젊은이들이 나약하다느니 사회생활에 적응을 잘 못 한다느니 말들을 하지만 나라를 지키겠다고 가서 목숨을 잃거나 괴로워하며 군 생활하는 것은 슬픈 일이다. 분단된 이 나라의 역사와 그동안 피 흘린 선열들의 삶도 아픈데…….

　뭐 먹을 것이 있다고 옹색한 곳에 터를 잡았을까. 거미줄 있는 사무실을 쓸 수는 없어서 조심스레 거미를 창밖으로 내보냈다. 가지런히 손을 모아 어미의 마음으로 보냈다.

몸짓 새기는 일

종이를 만지는 일을 하다보면 삼박 손을 베일 때가 있다. 순식간에 무방비 상태에서 당하곤 한다. 그 아픔은 짧고도 날카로워서 가슴속까지 닿는다. 코팅이 된 두꺼운 종이에 당한 상처는 제법 깊은데 얇은 종이에도 여지없이 뒤통수를 맞는다. 누구에게 아프다고 엄살부리기도 민망하고 어이없는 웃음이 픽 나오기도 한다.

상처가 거의 손에 나기 때문에 불편해서 반창고를 붙여두는데 물이 닿을 때는 짜릿하게 아려서 다시 작은 상처를 기억하게 된다. 종이를 우습게 생각하고 함부로 한 대가인지 모른다는 생각까지 한다. 힘없고 부드럽다고 얕보았다가 혼자 들 수 없는 종이 뭉치의 무게에 번번이 놀랐다. 손을 베이고 깜짝 놀라 이런저런 생각을 하게 되는 것이 무심하게 살다가 누군가의 지나가는 말이나 작은 일에 마음을 꼬집히는 일과 닮았다.

종이에 씌어 있는 글자를 통해 내놓지 못할 지식이나마 얻었고 되지 않은 글을 썼다. 글을 치열하고 진지하게 쓰지 않고 살아가는 여백에 낙서하듯이 썼다. 그리고 몇몇 사람에게 글쓰기는 마음의 찌꺼기를 걸러주는 좋은 취미라고 교만하게 말했다. 그래도 숨길 수 없는 것은 나에게 글쓰기는 마음을 풀어 놓을 수 있는 넉넉한 마당이라는 것이다. 어렸을 때는 마치 익지 않은 풋과일이 익은 체하는 느낌이 들어서 이른바 '문학소녀'라는 말을 싫어했다. 지금도 글을 쓴다고는 하지만 참된 글쓰기를 알지 못하고 늘 변방에서 머뭇거린다.

이른 새벽에 잠이 깨어 보잘것없는 글줄이라도 잡히면 갈등을 한다. 일어나서 공책에 몇 줄 써 볼까. 그러다가 잠을 놓치면 일하면서 터덕거릴까봐 억지로 눈을 감는다. 그래도 잠은 오지 않고 생각이 맴을 돌면 아쉬워서 몇 단어 메모를 해놓고는 그대로 날려버리기도 한다. 글쓰기보다 먹고사는 일이 더 중요하다고 여기며 가끔 글쓰는 것도 사치다 싶으면 오랫동안 글을 놓아버린다. 그리고 글쓰기나마 할 수 있어서 다행이라는 생각이 들면 또 끌어당기는 변덕을 부린다. 어느 때는 사는 것에 쫓긴다고, 세상일이 부질없다고 던져놓는다.

내가 사는 일이나 글을 쓰는 일이 다 종이에 손을 베이는 일처럼 서툴다. 아직도 세상이 낯설고 사람들이 낯설 때가 많다. 그렇다고 스스로 어느 별에서 뚝 떨어진 이방인이라고 여기며 살 수는 없다. 나는 치열한 세상의 소용돌이 속에 서 있다. 사람을 쉽게 믿고 좋은 점만 눈에 보이는 것이 장점만은 아니라는 것을 손 베이듯 겪었으나 여전히 달라지지 않는 습성 때문에 밤새 뒤척일 때가 있다.

내가 글을 쓰는 일은 세상을 향해 어설프게 내미는 손짓이다. 이미 혼자 쓰고 보는 글이 아니기에 늘 그랬듯이 세상과 사람을 따뜻한 눈으로 보는 것이다. 서투른 몸짓을 종이에 새기는 일이다. 더러 손을 베이더라도 어쩔 수 없다. 그러나 종이를 함부로 대하지는 않겠다.

인연

 나이 든 냉장고를 닦는다. 흰색이 누르스름하게 변한 건 오래전 이야기이고 수납 상자도 부서지고 군데군데 흠집이 생겼다. 새삼스레 짠해서 코가 맵다. 그동안 애써 고생한 것을 위로하며 쓰다듬는데 냉장고도 마음을 아는지 징징거리는 소리도 없이 조용하다.

 6년 전 나에게 올 때부터 낡은 냉장고였다. 금이 간 야채 상자는 테이프가 붙여져 있었다. 큰 수박 한 통을 제대로 사오지 못해도 새 냉장고를 사야겠다는 생각은 하지 않았다. 작고 낡은 냉장고를 쓰는 우리도 별 불평을 하지 않았고 냉장고는 힘에 겨워하면서도 자신의 본분을 다했다.

 이사도 제대로 하지 않고 학생 자취방처럼 시작한 살림살이였다. 어머니와 다시 살림을 합칠 때까지는 따로 살림 장만을 하지 않고 그럭저럭 살기로 했다. 연로하신 어머니를 두고 불현듯 떨어져 나온 것도 마음에 걸리고 시골 세간붙이도 쓸 만해서 무엇을 새로 산다는 것이 내키지 않았다.

그런데 얼마 전부터 냉동실 작동이 시원찮았다. 아이스크림을 넣으면 물이 되어버렸다. 돈을 들여 고칠 만한 물건도 아니었다. 이별은 갑자기 찾아오기도 하는 법이다. 하필 삼복더위에 여러 가지로 불편해서 하는 수 없이 냉장고를 주문해 놓고 왔다. 오후에는 새 냉장고가 들어올 것이다. 그런데 새 냉장고를 만나는 기쁨보다 늙은 냉장고 보내는 아쉬움이 더 크니 이상한 일이다.

오래전 어느 가족의 시중을 들다가 다 늘그막에 우리에게 와서 식구들을 챙겨 먹였으니 그 노고를 알아주어야 할 것 같다. 그동안 잔고장이 없어서 신경 쓰이게 하지 않고 최선을 다해 일을 했다. 아직도 냉장고는 돌돌거리며 할 수 있는 만큼의 일을 하고 있다. 며칠 전 신문을 보니 노인들이 취업 박람회에 가득하던데 낡은 냉장고도 아직 일을 하고 싶어 하는지 모르겠다. 하지만 새 냉장고가 오고 코드가 뽑히면 앞으로 다시 일을 할 수 없을 것이다.

인연이라는 것이 어찌 사람 사이에만 있을까. 사는 동안 마주치는 모든 것이 쉽게 다가오는 게 아니라는 생각이 든다. 어느 해 이른 가을 풀숲에 핀 작은 쑥부쟁이 꽃 한 송이를 보았다. 알 수 없는 보랏빛 설움이 북받쳐서 그 앞에 앉아 눈물을 툭 떨어뜨렸다. 발밑에서 작은 돌부리가 내 눈물을 받았다. 인연이라는 말을 떠올리면 눈물을 말없이 받아주던 그 돌멩이가 함께 따라온다.

수많은 사람 중에 하필이면 그와 나, 많은 사물 중에 하필이면 그것과 나. 서로에게 가서 닿는 일이 생각할수록 오묘하고 귀하다.

3부

참새가 그리운 아침
내 이름에 물 대기
그 길
이팝꽃 피는 언덕
꽃맞이
단봉낙타
마당 넓은 집
파키라의 별
복숭아 먹는 법
빵 굽는 아침
남자를 스캔하다

참새가 그리운 아침

 호사스럽게도 이 아침에 맘껏 게으름을 피우고 있다. 아이들은 방학을 했고, 새벽밥을 먹고 쫓기듯 들녘으로 나서야 할 농번기도 아니다. 어른들이 아침을 재촉하기에는 너무 이르다. 따뜻한 이불 속에서 이미 달아난 잠의 뒤끝을 잡고 느긋함을 즐기고 있다.
 창이 아슴푸레하게 푸른빛을 띠더니 점점 밝아지며 어둠을 몰아낸다. '이제는 일어나야지.' 하고 마음먹고 있는데 문득 참새들이 그립다.
 마당 가운데 사과나무 한 그루가 있다. 자태가 아름답다거나 열매가 실하여 집에 보탬이 되는 것은 아닌데, 마당 안에 버티고 있을 만한 명분은 있다. 남편이 중학교 다닐 때 선생님께서 주신 묘목을 심어 놓은 것이 옮길 새도 없이 쑥쑥 자라서 자리를 잡아버렸다고 했다. 시아버지께서는 쓸모없는 나무이니 잘라 내자고 몇 번 말씀을 하셨지만 시어머니는 늘 먼저 고개를 저으셨다. 남편은 침묵으로 반대의견을 표시했고, 그 나무에 정이 든 나 역시 속으로 번번이 없었던 일이 되기를 바랐다.

꽃이 피었다가 눈처럼 져버린 어느 날 밤, 문을 열고 뜰에 내려선 나는 깜짝 놀란 적이 있다. 달빛이 내려앉은 사과나무에 다시 꽃이 피어 가지마다 하얗게 빛났다. 잠결이어서 잘못 본 것이리라 생각하면서도 한참 넋을 잃고 눈부신 아름다움에 취했다. 다음날 아침 나무를 보았더니 꽃이 피었다고 생각했던 자리마다 뽀얀 속잎이 쫑긋쫑긋 귀를 세우고 있었다. 그때 나는 비로소 알았다. 꽃만 아름다운 것이 아니라는 것을.

그런 사랑스러움도 잠시, 열매가 열고 잎이 자라면서 나무는 이른 병치레를 했다. 아이 주먹만큼 자란 사과 볼에 붉은 빛이 물들면 기미 같은 얼룩이 번지고 곧 낙과落果가 시작되었다. 채 익지도 않은 과일이 시나브로 떨어지는 것을 보는 일이 썩 기분 좋은 것은 아니었다.

아깝고 딱해서 깨지고 병든 것들 중에서 성한 것을 골라 깎아 먹어 보면 맛은 생긴 것보다 훨씬 달고 순했다. 나무가 병을 앓는 것이 우리 탓일 수도 있다. 몇 년 가야 병충해 방제 한번 않고 가지치기도 해주지 않았다. 사랑채 지붕 위로 굵어진 가지를 턱하니 걸쳐놓아 지붕이 위태로워지면 그 가지를 잘라

참새가 그리운 아침

내는 일이 고작이었다.

　나무 한 그루 때문에 따로 농약을 정성 들여 해주기도 곤란하지만, 살뜰하게 보살필 만한 관심을 기울이지 않는 것이 더 큰 이유였다. 집 안 어디쯤 수도꼭지가 있고 댓돌이 있는 것처럼 그저 집의 일부로 여겼다.

　사과에 단맛이 들 만하면 그 못난 사과 알을 까치 떼가 모여 극성스레 쪼아댔다. 온전한 열매를 찾기는 거의 힘들고 나무 아래는 쪼다 만 사과 찌꺼기들 때문에 벌과 파리가 윙윙거렸다. 게다가 참새들이 모여 지지배배 놀다가 솔개 한 마리가 하늘에서 곤두박질해 내려오면 푸드득푸드득 한바탕 전쟁이 벌어졌다. 성근 나뭇잎 새로 이리저리 피해 다니는 작은 참새들이 안쓰러웠다.

　가을이 채 되기 전에 이미 사과는 다 떨어지니 며칠 동안 낙엽 쓰는 수고를 하며 철 이른 서글픔을 맛보아야 했다. 이때부터 볼품 없는 나무는 참새들의 본격적인 놀이터가 된다. 어쩌면 그리도 쉬지 않고 재잘거리는지 도무지 지칠 줄을 몰랐다. 그런 중에도 작은 소리만 나면 깜짝 놀라서 화들짝 날아오르고, 또 언제 그랬느냐는 듯이 금세 포르르 내려앉는다. 그 순진하고 단순함을 어디에다 견줄 수 있을까.

　참새들은 집 앞 논보다 주로 우리 집 사과나무에서 가을을 보냈다. 사과나무 밑에 사료 부스러기가 늘 흩어져 있어서 먹는 문제를 그리 염려하지 않아도 되었는지 모른다.

한번은 아버님이 사료 부스러기 먹는 데 정신팔린 참새 한 마리를 잡아서 대소쿠리 속에 가두어 아이들에게 주셨다. 아이들은 신기해서 어쩔 줄을 몰랐다. 무명실로 발목을 붙들어 매어 도망가지 못하게 하니 성질 급하고 겁 많은 참새가 어찌나 푸드득거리는지 보는 사람조차 가슴이 뛸 정도였다. 얼마 가지 않아 여린 발목에 피가 맺히는 것을 발견한 아이들은 눈물을 글썽이며 발목을 묶었던 무명실을 풀고 날려보냈다. 그 후로는 아예 참새를 잡으려는 생각을 하지 않았다.

요즘의 참새들은 예전에 논밭에서 깡통을 두드리고 고함을 지르며 일삼아 쫓던 참새들이 자기네 조상인 줄도 모르는 듯했다. 참새들은 코앞에 있는 곡식조차 전혀 관심이 없었다.

아침부터 저녁까지 사과나무에서 소란을 피웠지만 우리들은 그다지 신경을 쓰지 않았다. 그런데 언제부터인가 한 구석이 허전하였다. 곰곰 그 까닭을 찾을 무렵 참새 떼가 보이지 않았다. 아침 일찍부터 재잘거리며 잠을 깨우던 그들이 없어졌다. 우리 집 사과나무뿐 아니라 들에서나 마을에서조차 참새를 볼 수 없게 되었다.

지금은 잃어버린 한 덩어리의 침묵만 사과나무에 걸려 있다. 참새들이 다시 찾아와 노래하며 나의 새벽잠을 깨워 주기를. 그리고 어디에서든 참새의 어린 새끼들이 잘 자라기를 바라지만 다시 볼 수 없을 것 같은 안타까움이 더 크다.

내 이름에 물 대기

 사람들은 이름이 없는 것에 이름을 붙여주고 싶어한다. 아이를 낳으면 설렘과 기대를 안고 이름을 지어준다. 아이를 적게 낳는 요즘은 더욱 더 좋은 뜻, 아름다운 말을 고르고 또 고른다. 이름이 독특하면 빨리 기억되고 오래 남는다. 두고두고 놀림감이 되는 이름도 어쩌다 있어서 견디다 못해 이름을 바꾸기도 한다. 더러 듣기에 이름대로 산다고도 하고 이름값 한다는 말도 있다.

 내 이름은 지극히 평범하여 그리 눈에 띄지 않는다. '한'이라는 성이 예쁘다고 했던 친구가 있었다. 몇 번인가 인사치레로 이름 예쁘다고 했던 말을 들어 보기는 했지만 특별하게 예쁜 구석은 없는 듯하다. 한창 사춘기 때, 우리 나이만 한 여자 이름 뒤에 흔하게 붙여주던 몇 가지의 글자가 내 이름에 없는 것이 다행이라 생각도 했다. 이름에 애착이 있었던지 한자漢字로 새긴 명찰에 한 획 빠져 있어서 다시 해 달라고 한 적이 있었다. 내 이름 석 자마다 꼬박꼬박 붙은 받침이 좀 딱딱하게도 느껴지는데 내가 사는 네모 난 틀에서 쉽게 벗어나지 못하는 성격이 혹시 이름에서 영향을 받은 게 아닌지 모를 일이다.

언젠가 컴퓨터에서 재미 삼아 이름풀이 해 놓은 것을 보았다. 이름 끝에 쓰는 신선 '선仙'이 착할 '선善'이었다면 큰 부자로 살았을 것이라 했다. 내가 부자가 아니어서 부인할 핑계가 없었다. 그런데 신선 '선'이기 때문에 문운이 들어 있다고 했다. 이름 전체적으로 보면 초년에 문운이 빛을 보이다 중간에 맥이 끊어진다고 했다. 그러나 본인의 노력 여하에 따라 그 운이 다시 이어지리라는 것이었다.

그 말이 그럴듯한 것이 어려서부터 편지나 일기를 잘 쓴다는 얘기를 들었다. 초등학교 백일장 대회에서 장원을 하면서부터 중학교 때까지 이른바 '선수'로 뽑혀 다니느라 바빴다. 오히려 그런 일들이 일찌감치 글 쓰기를 멀리하기 시작한 이유 중의 하나가 되었다. 대회에 나가면 대부분의 주제가 '반공' '반상회' '혼식 분식' '산림녹화' 따위였다. 왜 고운 글감이 많은데 재미없는 글만 억지로 짜내어 써야 하는지 알 수가 없었다. 그래도 미련이 남아서 국문과를 지망했었지만 결혼 뒤에는 모든 것을 접고 살았다.

글 쓰기를 위해 딱히 노력한 적은 없었어도 혼잣말 같은 글을 쓰며 힘든 날들을 견디었다. 글을 쓰는 것은 위안이 되었고 마음속 응어리를 풀어주었다. 그러니 글 쓰기를 놓을 수 없다. 글쟁이는 가난하다고 어른들이 하시는 말씀을 들어왔지만 나는 진짜 글쟁이가 아니라서 가난이 두렵기도 했다. 요즘 글 쓰는 사람들 중에는 '가난'과 거리가 먼 사람들이 많지만 너무 부족한 게 없으면 깊이 있는 글 쓰기가 어려울 것이라는 생각을 하기도 한다.

내가 이름 때문에 부자가 못 된 원인은 고인이 되신 둘째 고모부에게 있다. 아버지께서 착할 '선'으로 이름을 지었다는데 읍사무소 호적 계장으로 계시던 고모부가 신선 '선'으로 바꾸어 출생신고를 한 것이다. 바뀌게 된 이유는 모르지만 그렇게 바뀐 것도 학교 들어가서야 알게 되었다.

내 이름이 내 의지와 상관없이 지어지고 바뀌어서 부富 대신 문文을 얻었다면 아전인수 격으로 내 이름에 물을 대겠다. 섬세한 감성을 가진 것과 스쳐 지나치는 것을 눈여겨보는 눈을 가진 것은 돈으로 살 수 없기에 내 이름을 아낄 것이다.

글을 쓰기 때문에 비슷한 취향으로 세상을 보는 사람들과 어울릴 수 있는 것도 즐거운 일이다. 뿐만 아니라 책을 좋아하고 글을 쓸 수 있으니 노년이 쓸쓸하거나 무료하지만은 않을 것이다. 세월이 가도 이런 믿음이 있으니 또한 기쁘지 아니한가.

그 길

 석양이 비끼는 낮은 산 끝자락에 싸리 꽃이 출렁거린다. 장맛비를 품고 있는 바람이 나무를 흔든다. 문득 꿈인 듯해서 발을 멈춘다. 차들이 쌩쌩 달리는 큰길이 보이는 곳에서 아련한 싸리 꽃 군무를 보게 되다니.

 밝은 날, 잘못 본 게 아닐까 해서 다시 살펴보았다. 자세히 보기에는 좀 먼 거리였지만 잎과 꽃을 살펴보니 싸리 꽃이 분명했다. 싸리꽃은 동화 속 순박한 큰애기가 사는 싸리골에서나 볼 수 있는 것이라고 믿고 있었으니 놀랄 수밖에.

 아침이면 아파트 숲을 빠져나와 신호등이 있는 길 몇 개를 건넌다. 잘 가꾼 피튜니아 화분이 있는 큰 길을 넘어서면 잃었던 계절 감각이 되살아난다. 뾰족한 옥수수 떡잎이 쑥쑥 자라가는 모습을 보기도 하고, 흰나비 같은 완두콩 꽃을 볼 수도 있다. 자주색과 흰색 감자 꽃 옆을 지나면서 "자주꽃 핀 건 파보나마나 자주감자랬지." 중얼거리며 싱긋 웃는데 정말 자주감자가 자라고 있는지 궁금했다. 길가 작은 텃밭에 오밀조밀 심어놓은 것들을 보는 것만으로도 온몸에 생기가 도는 것이다.

밭을 매던 할머니가 건네준 빨간 앵두 한 움큼 때문에 조심조심 발을 떼는 일이 좋았다. 보기에는 앵두가 예쁘지만 먹을 것은 없다. 담장 너머 기웃대는 살구와 자두 빛이 진해질수록 입 안에 침이 고였다. 오얏나무 아래서 갓 끈도 고쳐 매지 말라고 했건만 도저히 그냥 지날 수 없어서 흘끔흘끔 보았다. 나무에 달린 채 익어가는 과일의 유혹을 쉽게 설명할 수 없다.

그 길이 좋다. 개똥이 함부로 굴러다니기는 하지만 산새 소리가 들려서 좋다. 예전에 밭에다 씨를 뿌릴 때 멧비둘기 소리가 팔랑팔랑 떨어져 같이 묻히던 생각이 난다. 그런데 언제 날아올랐는지 내 옆으로 또다시 내려와 앉곤 했다.

그 길을 가면 누군가에게 꽃 얘기를 들려주고 싶다. 싸리 꽃과 닮은 칡 꽃의 빛깔과 향기를 함께 나누고 싶다. 더 많은 꽃들의 이름을 불러주고 싶다. 숨을 내쉴 수 있는 작은 통로가 있어서 좋다. 나는 아침마다 그 길을 간다.

나는 진아사진관으로 간다. 큰길을 벗어나 한 오 분 걸으면 좁은 내리막길 끝에 있는 사진관 앞에 미끄러지듯 닿는다. 무슨 색이라고 해야 하나. 집 뒤란에 오종종 모여 있던 우산이끼

보다 더 어둡고 진한 색의 간판이다. 고딕체에 가깝지만 딱히 이름 붙이지 못할 모양의 가늘고 흰 글씨가 반듯한 자세를 잃지 않으려 애쓰며 간판 위에 앉아 있다. 유리창 너머에서 이발소 사진과 가족사진 몇 개가 기억나지 않는 꿈처럼 흐리게 지워져가고 있다.

고등학교 입학시험을 치른 뒤 몇 시간 기차를 타고 가서 이사 때문에 헤어졌던 친구들을 만났다. 우리는 모여서 꿈을 찍는 사진관으로 갔다. 단발머리에 똑같은 검정색 겨울 코트를 입고 하얗게 이를 드러내며 웃는 흑백사진이 머릿속에 선명하게 남아 있다. 그 사진 속에선 늘 깔깔대는 웃음소리가 들린다.

진아 사진관 옆에는 중화요릿집이 있다. 환풍구에서 까만 물이 흘러내려 벽을 덧칠한 채 안은 보이지 않고 인기척도 없다. 엄마는 가끔 자장면 두 그릇 값을 주셨다. 그 돈을 들고 가서 동생하고 자장면을 먹던 집이 떠오른다. 낡은 탁자 몇 개가 놓여 있고, 탁자 위에는 때가 낀 양념 통 속에 희아리 고춧가루가 들어 있었다. 동생도 그 자장면 맛을 기억하고 있을까.

담벼락에 용달사 전화번호가 즐비하다. '독체 세 놓읍니다. 전화 ○○○-○○○○', '월세방 이씀'처럼 직접 쓴 광고 문구를 보게 되지만 적당히 낡은 그 길과 어울려서 어색하지 않은 곳이다. 골목에 '100% 수돗물'을 사용한다는 동네 목욕탕이 있는 곳이다. 세탁소인 '문화사'가 있고 그 틈으로 '그랜드 슈퍼

마켓'이 턱하니 비집고 앉아 있다.

  그 길을 가면 잠깐 시간이 거꾸로 흐른다. 언젠가 지나갔던 길을 다시 걷는 것처럼 몽롱하다. 천천히 걷는 노인들의 걸음에도 시간의 흔적이 따라다닌다. 어지러운 소용돌이 가에서 빙빙 맴돌던 나뭇잎처럼 그 길은 빠르게 변하는 도시 속에서 우물쭈물 비켜 있다.

  그 길을 걸으면서 자잘한 기억의 조각들을 줍는다. 지난 추억들은 꽃잎이나 먼지처럼 날리기도 하고 작은 조약돌 같아서 몇 개는 주워 주머니 속에 넣는다. 나는 어디쯤 와서 이 길을 걷고 있는가. 잊었던 시간과 정신없이 바쁜 오늘날이 번갈아 자맥질을 한다. 그 길 하나쯤은 변하지 않고 그대로 있어줘도 좋겠다. 그곳에 가면 꿈을 찍던 사진관이 있다.

이팝꽃 피는 언덕

 횃불처럼 모닥불이 피어오른다. 매캐한 연기 속에서 사람들은 소리도 없이 재게 움직인다. 전을 펴는 사람들의 얼굴에 시간을 가늠하는 긴장감이 엿보인다. 몇 시부터 일어나 새벽장 준비를 했을까.
 천천히 새벽장터를 돈다. 다리부터 그 아래 냇가를 따라 전이 펼쳐져 있다. 물건을 매만지는 손이 거칠다. 희끄무레한 불빛 아래 잠 덜 깬 푸성귀가 엎드려 있다. 푸른빛이려니 할 뿐 전혀 푸르지 않다. 허리 굽은 이가 말린 나물두름을 줄 세운다. 멀리서 온 생선이 얼음 옷을 입고 있다. 그 앞에서 감히 싱싱하냐고 물을 수가 없다. 알 수 없는 약초 뿌리가 울퉁불퉁하게 쌓여 있다. 눈을 돌리니 일찍 잠을 깬 오리가 냇물에서 자맥질을 한다. 사람들도 새벽 장터에서 자맥질을 하고 있다. 모두 해를 기다리며 어둠 뒷자락을 헤적인다.

날이 조금씩 밝아오자 사람들이 하나 둘 늘어간다. 하루 치 밥상을 마련하려는 식당 주인들과 주부들이 찬찬히 전을 훑다가 물건을 들어올린다. 새벽시장에선 아침이 되기까지 모자라는 시간만큼 흥정에 빈틈이 있다. 나도 새벽잠 털고 나온 보람을 느끼며 묵직한 보따리를 든다.

오랫동안 밥하는 일에 묻혀 살았다. 어른들 진지 챙기는 일 외에 거의 날마다 하루 두 번씩 새참을 했다. 밥을 갓 지어 새참을 내가려니 날마다 반찬 장만하는 일이 무겁게 나를 눌렀다. 어디서 따로 음식 만드는 것을 배운 적도 없었지만 장에 가도 별 뾰족한 반찬이 없었다. 사흘이 멀다 하고 새 김치를 담갔다. 집에서 나오는 채소를 재료로 쓰고 급할 때는 텃밭에 난 비름이라도 뜯어서 무쳐내야 했다.

해마다 돌아오는 집안 행사와 시어머니 환갑잔치, 시아버지 초상도 집에서 치렀다. 음식 만드는 일이 귀찮을 만도 한데 아직 외식보다는 집에서 무엇을 만들어 먹이는 일이 익숙하다. 밖에서 사먹자는 생각이 얼른 머리에 떠오르지 않는다. 손님이 와도 집에서 밥상을 챙긴다. 겉절이나 새 김치를 버무려 따끈한 밥을 짓는다. 철 따라서 호박대국이나 토란탕을 끓이고 별미로 팥칼국수를 만들거나 제철에 나는 채소 부침개를 부친다. 내놓고 보면 별것 없는 시골 밥상인데, 먹는 사람들이 잊었던 맛과 추억을 되찾고 흐뭇해하면 힘든 것을 잊는다.

요즘은 김치를 그때그때 담가서 먹는 집이 드물다. 우리 집에는 생김치 좋아하는 사람이 있어서 봄동겉절이부터 미나리김치, 열무김치, 고구마순김치 따위를 계절에 따라 담근다. 김치를 담글 때마다 나누어 주고 싶은 사람이 새록새록 떠오른다. 서로 바쁘고 다들 떨어져 살기도 하니 전해주기가 힘들다. 하지만 나는 끊임없이 좋은 사람들에게 따뜻한 밥과 칼칼한 김치를 먹이고 싶어 한다.

내 기억 속에 남아 있는 그림 한 장이 있다. 어느 날 남루한 행색을 한 남자와 남자아이가 느닷없이 동네에 나타났다. 집 앞 자그마한 공터에서 까맣게 그은 냄비를 걸고 나뭇가지로 불을 지폈다. 학교 가는 길에 얼핏 보니 냄비 밥에 반찬은 생된장 한 덩이였다. 동네 사람들이 그들을 챙겨줬는지, 내쫓았는지 모르겠다. 그 모습이 어린 눈에 걸렸던지 아직도 지워지지 않는 애잔한 밥상으로 남아 있다. 살아 있는 사람과 밥을 떼어놓을 수는 없겠지만 내 마음속에서 밥은 남다르게 자리하고 있는 듯하다.

장터 맞은편 언덕이 이팝나무 군락지다. 하얗게 핀 꽃을 보며 배고픈 이가 쌀밥을 떠올려 이팝나무라는 이름을 붙였다고도 한다. 시장 사람들은 사철 그 언덕이 보이는 곳에서 새벽부터 밤까지 밥벌이를 한다. 따뜻한 밥을 짓기 위해 또 다른 사람들이 그곳을 찾는다.

이팝꽃 피는 언덕 아래서 밥벌이의 지겨움을 말하지 못한다. 밥에 대해 허투루 말할 수 없다. 막 퍼지기 시작한 햇살이 이팝나무 위에다 밥을 소복소복 떠 얹고 있다. 새벽장 여기저기에 이팝꽃이 핀다.

꽃맞이

 춘란이 꽃을 다섯 송이나 피웠다. 쉽게 눈에 띄지 않고 설렘을 주지도 않는 꽃이다. 고개를 숙이고 있어서 얼핏 보면 풀잎 같다. 이름처럼 심심한 꽃이다. 며칠 전부터 꽃망울이 맺힌 것을 건성으로 보았다. 물이 마르지 않았나 확인만 했을 뿐이다. 꽃이 활짝 피었고, 꽃이 피는 건 잠깐이기에 억지로 고개를 들게 하고 사진을 찍었지만 얼굴을 다 못 보았다.

 아침에 보니 춘란과 그 옆 기생란 화분에 식물 영양제가 꽂혀 있다. 어머니일 것이다. 그렇게 챙길 사람은 올 때마다 화분을 살피고 싱거운 꽃한테도 칭찬을 해주는 어머니밖에 없다. 나이 들수록 생명이 귀하게 여겨지는 것일까.

 봄이면 아이들이 꼭 학교 앞에서 파는 병아리를 사왔다. 맑고 여린 소리를 내는 솜털 같은 생명. 아이들은 늘 그 유혹을

이기지 못했다. 데려다놓고 사랑땜이 끝나기도 전에 며칠 못 가서 죽어버리면 슬퍼하며 울곤 했다. 한번은 아이들을 앉혀놓고 다시는 병아리를 사지 말라고 특별히 당부를 하고 서로 약속까지 했다.

그런데 초등학교에 들어간 햇병아리 막내가 또 그 절차를 밟고 말았다. 겪어야 할 일이었는지 모른다는 생각에 야단을 치지는 않았다.

노란 병아리 두 마리가 넓은 거실 한 구석에 있는 라면 상자에서 삐삐거리며 아이들을 기다렸다. 아이들은 학교 갔다 오면 곧장 달려가서 물도 갈아주고 한 주먹 얻어온 먹이를 덜어주었다. 좁은 상자에서 꺼내놓으면 종종 걷다가 거실 바닥에서 미끄러져 납작 엎드리기도 했다. 병아리는 어느 봄꽃보다 봄과 어울리는 생명이다.

그 귀여운 모습을 보면서도 마음은 조마조마했다. 그런데 어머니는 저녁마다 병아리 상자를 가장 따뜻하고 작은 당신 방으로 가져가셨다. 낮이면 볕 좋은 창가에 내놓고 밤에는 다시 데려가기를 반복했다.

하루하루가 지나고 병아리는 죽지 않고 몸이 자랐다. 어느 날 보니 상자 끝에 올라가 한 발만 딛고 〈타이타닉〉 영화 속 여자 주인공처럼 서서 날갯죽지를 펴고 있었다. 털 색깔도 변하고 단단한 날개가 돋아났다. 더는 집안에 같이 있을 수 없어서 닭장을 만들고 사료도 큰 포대로 마련해서 밖에다 내놓았다. 기적이 일어난 것이다.

어머니의 사랑 때문에 병아리가 죽지 않았다는 것을 생각할 때마다 새삼스럽다. 우리들은 잠깐 귀여워했을 뿐 깊은 사랑을 주지 않았다. 병아리가 따뜻한 데를 좋아한다는 사실도 몰랐으니까.

요즘은 화분이나 꽃을 선물하는 것을 망설이게 된다. 그것이 죽거나 시들어버리면 건네준 사람에게 미안하고 마음이 편하지 않기 때문이다. 꽃 뿌리를 나눠준 사람을 생각하며 오래오래 잘 키워야 하는데 마음에 여유가 없다고 심드렁하게 보고는 겨우 안 죽을 만큼 목만 축여주었다. 그런데 어머니 덕분에 화초들이 호강을 하고 있다.

매화가 피더니 산수유와 목련이 다투어 핀다. 올봄에는 꽃이 피었다고, 예쁘다고 호들갑을 떨지 않았다. 침묵하며 겸손하게 꽃나무 곁을 지나다닌다. 문득 싫어하는 파충류에게도 징그럽다는 표현을 함부로 쓰지 않게 된 것을 떠올리며, 이러다가 나도 어머니처럼 속 깊은 사랑 하나 품게 되는 것은 아닌지 봄처럼 울렁거린다.

단봉낙타

 길을 잘못 든 낙타를 알고 있다. 아니, 원래는 초원에서 뛰놀던 야생 조랑말처럼 자유로운 영혼이었으나 지금은 낙타처럼 살고 있는 사람이다.

 낙타는 혹 속에 지방을 저장하고 바람에 날린 모래가 코로 들어가지 않도록 콧구멍을 여닫을 수 있다. 땀을 흘리는 일도 거의 없고, 콧물도 갈라진 입술을 통해 다시 먹는다. 사막에서 살아갈 수 있게 한 조물주의 배려이거나 스스로 살아남기 위한 변화일 것이다.

 하지만 그는 사막에서 살기에 적합하지 않은 몸을 타고났다. 지방을 비축하지 못한 몸은 상처투성이다. 여닫을 수 없는 콧구멍으로 먼지가 쌓인다. 땀을 많이 흘려서 여름이면 땀띠가 온몸을 덮는다. 더러 콧물인지 눈물인지 모를 액체를 남몰래 삼킬 것이라 추정하지만 확인한 적은 없다. 단봉낙타는 쌍봉낙타보다 힘이 약하고 오래 걷지도 못한다.

약한 몸에 무거운 짐을 지고 태양 아래서 겨우 버티는 그는 단봉낙타. 온종일 어느 모래 언덕을 오르내린 그가 축 처진 몸을 부려 놓았다. 젖은 잠 속에서 꿈조차 굽었는지 가끔 숨을 멈추었다 몰아쉰다. 나는 그의 꿈을 펴주려고 몸을 살짝 흔들며 베개 자리를 고쳐 주곤 한다. 손발에 있는 굳은살을 만지며 낙타 무릎도 이처럼 딱딱할까 궁금했다. 혹이 되어 붙은 가장이라는 무게를 떼어낼 수 없는 그는 사막에서 살아남기 위해 진화 또는 퇴화하고 있다.

무거운 다리를 끌고 걷고 걸어도 제자리였다. 모래 언덕은 이리저리 모양을 바꾸며 길을 막았다. 마른 바람을 헤치며 걸어도 앞으로 나아가기는커녕 오히려 뒤로 밀려나는 듯했다. 휘청거리다가 발이 빠져서 주저앉기도 하며 그의 고독은 깊어갔다. 그의 옆에는 아무도 없었다. 계속 걸어야 할지 포기해야 할지 선택해야 할 순간들이 파도처럼 밀려오곤 했다. 그래도 놓을 수 없는 건 가장이라는 책임감이었다. 그것은 짐이 되기도 하고 힘이 되기도 하는, 사막 길을 걷는 버팀목이었다.

한때는 맑은 피부와 부드러운 머리카락을 가진 푸른 바다 같은 사람이었다. 젊은 날, 그는 꿈의 날개를 펼쳐 보이며 꿈속으로 들어오라 말했다. 나는 그의 꿈이 아름답다고 생각했고 그 꿈을 믿었다. 언제부터였을까. 아마 몇 번의 세상 모진 풍파를 겪고 난 뒤였을 것이다. 맑은 목소리로 들려주던 꿈을 다시는 말하지 않는다. 그의 메마른 입술이 닫혀 있다. 이제 와서 되돌아갈 길을 알려준다 해도 꿈길을 찾아 돌아가기엔 너무 멀리 왔다. 나이와 삶의 무게가 얹혀서 사포같이 굳어버린 그의 꿈을 차마 쓰다듬지 못한다.

콘크리트 부스러기가 빨래판 주위에 모여서 만든 모래톱을 보면, 그가 사막을 헤매다 돌아왔음을 알 수 있다. 쓸려가지 않고 맴도는 모래를 억지로 씻어 내린다. 그에게 다시 붙어서 올 것을 알면서도 털고 또 털어낸다.

인연의 끈이 하필이면 나를 그의 곁에다 묶어놓았다. 어느 한쪽이 튼실해서 기댈 수 있으면 좋았을 것이다. 앞서서 당차게 나아가지 못하고, 뒤에서 그럴듯한 힘이 되어주지도 못하는 내 가슴속에 원망 대신 연민의 모래 켜가 쌓인다. 사랑쯤은 닳고 너덜너덜해져서 기억 속에 없는데, 그를 생각하면 새콤달콤함 대신 아린 안쓰러움이 앉는다.

빨래를 하며 사막을 걷는 낙타를 생각한다. 무표정한 얼굴과 막막한 눈동자를 본다. 낙타 옆에 야자수를 키우는 오아시스가 있으면 좋겠다. 그가 거기에 앉아 깃발 날리던 초원의 꿈을 기억했으면 한다. 이쯤에서 맑은 물도 마시고 그늘에서 쉴 수 있기를 바란다.

나는 지금 퇴색한 그의 꿈을 기억하고 있는 유일한 사람으로 곁에 있다. 그가 걷는 사막도 예전엔 바다였는지, 발끝에 모인 모래에서 짭짤한 물이 차올라 코가 맵다.

마당 넓은 집

뒤꼍엔 크고 작은 독이 모여 일가를 이루고 있었다. 따끈하게 맑은 날엔 장 익는 냄새가 났다. 장독대 한가운데서 나리꽃대가 올라와 꽃을 피웠다. 약에 쓰려고 가까이 손 닿는 곳에 심어둔 것이라 했다.

뒤란 돌담 아래 쪼그리고 앉아 첫 입덧을 했다. 돌담 끝을 돌아가면 소변을 받아 모으는 옹기가 있었다. 오래전부터 그 자리에 있었던 듯 이끼가 덮여 있었다. 하필 자두나무는 소변 옹기 옆에 있었는데 아주 늙은 나무였다. 꽃이 피고 완두콩만 한 자두 알이 맺힐 때부터 나무 밑을 기웃거렸다.

돌담 아래 심은 호박 넝쿨은 삽시간에 올라가 담을 가득 덮었다. 잎 속에 숨어 있는 호박을 찾아내는 일은 쏠쏠한 재미를 주었다. 그야말로 호박 크듯이 쑥쑥 자랐다.

안방 문 앞 처마 밑에다 집을 짓고 제비가 새끼를 키웠다. 마당을 가로질러 장대로 받쳐둔 빨랫줄을 거쳐 부지런히 오가며 먹이를 물어 날랐다. 그렇게 여름이 가고 나면 새끼 몸집이 어미보다 크고 윤기가 났다.

철모르는 새각시는 그렇게 낯선 집에 마음을 붙였다. 대문은 형식적으로 달아놓았을 뿐 사시절 열어놓은 마당이 넓은 집이었다. 동네 사람들이 기척도 없이 불쑥 들어오곤 했다.

새 집을 짓자 넓은 마당이 휑했다. 대문 옆 고샅에는 봉선화랑 채송화를 심었다. 별처럼 피고 지는 색색의 채송화가 가슴속 빈 자리를 채워줄 때도 있었다. 흙을 두어 경운기 갖다 달라 해서 작은 꽃밭을 만들었다.

화분에 있던 수선화를 옮겨 심고, 산에서 데리고 온 더덕과 도라지를 심었다. 산을 떠난 더덕은 향기를 감추어버려서 아쉽게도 작은 종처럼 핀 꽃만 보며 미안해했다. 꽃잔디가 환하게 불을 지펴 꽃샘추위를 달래고 나면 도라지 처연한 꽃 빛을 보며 여름을 났다. 창가에 나팔꽃을 올렸더니 나팔수처럼 아침을 깨웠다. 어느 해는 조롱박을 올려 멋을 부렸다.

작은 뜰이 주는 기쁨이 결코 작지 않았다. 이웃에서 얻어다 심은 포도나무는 가지를 다듬지 않아 줄기가 방충망까지 뻗었다. 포도 순이 방충망 그 작은 틈새를 야무지게 붙잡고 암벽등반하듯이 올라왔다. 문을 열 수 없어서 떼어낼 때는 마음이 얄궂었다.

그럭저럭 마당에는 식구들이 늘고 서로 어우러져 집의 일부가 되어갔다. 잠깐 한눈팔면 풀은 수시로 마당 가에 터를 잡았고, 애기똥풀이나 쇠무릎 키가 불쑥 자라 있었다. 이웃집 개가 가끔 기웃거리며 마당을 돌다 가고 도둑고양이들이 짚더미 속에서 새끼를 낳아 감쪽같이 길러서 데리고 나왔다.

문만 열면 논밭이 보였다. 바람은 시도 때도 없이 마당에 와서 뒹굴며 놀다 갔다. 남향집이어서 밝고 따뜻했으며 거침새 없는 맞바람이 불어 여름에도 시원했다. 계절이 오고가는 작은 소리까지 들을 수 있었고, 그 빛깔이 변하는 것도 금방 알아챌 수 있었다. 대식구의 빨래를 뽀얗게 빨아 깃발처럼 펄럭이게 했다. 그리고는 하늘 한 번 보고 사방을 둘러볼 때면 상쾌한 느낌이 온몸을 휘감고 지나갔다. 사람이 나고 자라고, 다시 돌아가는 것을 고스란히 지켜 본 집이다. 빨간 자전거가 노랗게 송홧가루 뒤집어쓰고 서 있던 그 집을 늙은 어머니 혼자 지키고 있다.

아파트는 매력 있는 곳이다. 마당에 난 풀 맬 일도 없고 싸리비로 마당 쓸 일도 없다. 익명의 사람들이 빈 공간 없이 붙어 살면서도 마음껏 자유로울 수 있다. 한참 동안 함부로 노출되지 않는 공간과 원하지 않는 모든 것에 무관심해도 되는 생활을 즐겼다. 가끔 비 오는 소리나 사그락사그락 눈 내리는 소리가 들리지 않아 답답한 것쯤은 견딜 수 있었다.

그런데 바람이 뒹굴다 가는 마당 넓은 그 집이 문득문득 그리워지기 시작했다. 소나기가 쏟아질 때 훅 끼치던 흙 냄새가 코끝에 맴돌다 간다. 이런저런 생명과 함께 흙에 뿌리내리고 살던 기억이 내내 남아 있을 모양이다. 돌아가지 않을 거라 굳힌 마음을 집이 눈치챘다면 돌아가지 못하는 마음도 알고 있을 것이다. 살아가면서 또다시 마당을 갖고 싶어 할지도 모르겠다. 온갖 것을 품어 기르는 마당 넓은 집을.

파키라의 별

 이른 아침 신호등 앞에 낡은 자전거가 섰다. 올망졸망 앞바퀴를 붙잡는 가방이 먼저 눈에 들어온다. 낡은 옷에 철지난 모자를 쓴 사람이 먼 곳에 아득히 눈을 두고 서 있다. 자전거 뒤에서 질질 끌려오는 여행 가방 위에 파키라 한 그루가 거꾸로 묶여 있다. 시들어 가는 잎 몇 개를 펄럭인다. 시드는 꼴 보기 싫어서 내다 놓았을 화분, 아직 숨 붙어 있는 그것이 어쩌다 눈에 띄었는지 뿌리째 덜렁 화분에서 뽑아 얹은 모양이다.
 자전거를 끌고 가는 그 사람이 높은 아파트 아래 민달팽이처럼 걸어간다. 그도 파키라 잎이 펼쳐져 있는 넓은 거실에서 단꿈을 꾼 적이 있을까. 꿈을 꾸다 지쳐 가방 몇 개 챙겨 떠나는 것일까.
 자전거에 온갖 가방을 싣고 이른 아침부터 떠도는 것을 보면 그는 어디선가 겨우 눈만 붙이고 추위를 털어내며 나왔나 보다. 마치 목적지가 분명히 있는 듯 앞만 보고 걸어가지만 파키라 한 그루를 데리고 어느 별로 가려는 것처럼 보였다. 지상에는 없는 땅을 향해.

풀꽃 앉던 자리에 기계 소리가 웅웅거리고 사람들이 바삐 오고가더니 금세 철로 된 뼈대가 세워진다. 잠깐 한눈팔다 보니 그럴듯한 건물이 꼴을 갖추어 간다. 집 짓는 일은 쉽다. 까마득하게 높은 건물도 뚝딱 세워져서 주변을 압도한다. 땅따먹기 하듯 아파트를 짓고 손바닥만 한 땅만 있으면 다세대주택이 들어서는데 집 없는 사람들은 늘 집이 없다.

시골에 문만 열면 들판이 보이고 햇볕이 잘 드는 집이 있다. 집 마당가에 있는 애기똥풀이랑 도라지꽃까지 뚝 떠다가 도시 한구석에 앉혔으면 좋겠다는 상상을 한다. 심심해진 시골에서 멀뚱하니 앉아 가끔 먼 산을 보다가 해찰도 하며 긴 하루를 보낼 그 집을 생각한다. 시간이 지나면서 몸이 부실해지는 기미가 보이더니 금이 간 곳도 눈에 띈다. 페인트가 벗겨진 곳이 검버섯처럼 얼룩얼룩하다. 하지만 그곳에서 터를 잡고 오래오래 살 생각을 하며 탄탄하게 지은 집이니 제법 뼈대 있는 집이다.

백지에다 짜임새도 없는 그림을 그려 놓고 집을 짓기 시작했다. 아이들이 마음껏 뛰어다니게 하고, 툭 트인 공간을 살리고 싶어서 거실을 넓게 그렸다. 나머지는 그리 중요하게 여기지 않았다. 들에서 일하고 와서 땀을 씻고 곤한 잠을 잘 수 있으면 족했다. 그 집은 햇빛과 바람을 마침맞게 끌어다 주었다. 아파트와 달리 아이들은 눈치볼 것 없이 뛰면서 잘 자랐다.

옥상에 올라가면 앞산과 들이 보이고 면소재지 어지간한 곳은 다 둘러볼 수 있었다. 따끈한 볕 아래서 항아리 속 장이 익어갔다. 식구들이 들에 나가서 일하는 동안 옥상 가득 고추를 말리는 일은 내 몫이었다. 고추를 말릴 계절엔 비가 자주 내린다. 해가 반짝하다가 갑자기 소나기가 내리기도 하니 때때로 하늘을 살피며 토란잎만 한 먹구름만 보여도 얼른 올라가서 비설거지를 해야 했다.

아이 키보다 큰 항아리에는 어머니의 보물이 들어 있었다. 놋그릇, 말린 나물, 고춧가루, 들깨, 참깨가 있었는데 그것들은 명절이나 제사 때 얼굴을 내밀었고, 귀한 손님이 오거나 어머니가 친척집 나들이 갈 때 선물로 바뀌었다. 특히 소금단지 속에 넣어둔 참기름 병은 어머니의 허락 없이는 아무도 손 댈 수 없었다. 그렇게 정다운 시골집은 도시의 변두리에서 머뭇거리는 내 꿈속에서 눈을 끔벅이며 선하품을 하고 있다.

그 사람은 별나라에서나 소용 있을 것들을 가방에 챙겨 넣고 길을 간다. 함께할 사람 대신 입 무거운 파키라를 실었으니 꽤나 마음이 든든하겠다. 그의 고단한 여행이 끝나는 어느 별에서 파키라도 뿌리를 내리면 좋겠다. 그러면 이 땅에 사는 사람들은 달나라 계수나무처럼 파키라 그림자를 하늘에서 보겠지.

복숭아 먹는 법

 모래내 시장 큰길엔 물 대신 차들이 흐릅니다. 반짝이는 은모래 사이로 맑은 냇물이 흘렀을 시절을 떠올려 보지만 쉽게 그려지지 않습니다. '모래내'와 잇닿은 동네에 논밭과 과수원이 가득했던 것은 그리 오래된 이야기가 아니라고 합니다. 잘못 사면 이 맛도 저 맛도 없는 것을 사게 될까 봐 걱정스러웠지만 길가에서 뽀얀 낯에 볼이 발그레한 복숭아 한 바구니를 샀습니다.
 솜털을 물에 씻자 복숭아 볼 한쪽에 바늘귀만 한 구멍이 있습니다. 칼로 그곳을 도려내니 껍질 아래 벌레가 잘 닦아 놓은 길이 보입니다. '이런, 벌레 먹은 것을 샀구나.' 괜한 짓을 했나 싶어 복숭아 쥔 손아귀에 힘이 빠집니다. 예전엔 복숭아를 한 입 베어 물다가 벌레가 불쑥 나오면 기겁을 하면서 복숭아를 내던졌습니다.

 '복숭아벌레'가 집 안에 든 도둑이나 해를 끼치는 사람을 비유적으로 이르는 말이라는 걸 얼마 전 사전에서 보았습니다. 남편이 친구에게 빌려준 돈을 못 받아 사람도 살림도 휘청거리던 일이 어지간히 정리될 무렵이었습니다. '이만하면 됐다.' 하며 달콤한 속살 속으로 주저앉을 때쯤 내게 복숭아벌레가 다시 나타났습니다. 학원 강사비를 다 못 챙겨주니 교재 사업에 투자해서 가져가라던 그 여자가 여러 사람의 돈을 가지고 잠적했다는 소식을 듣자 멍하니 밤을 꼬박 새웠습니다. 새벽에 벌떡 일어나서 한창 뒷바라지를 해 주어야 할 아이들과 어떻게 살아갈까 두려워서 울음소리가 새어나가지 않게 입을 틀어막고 엎드려 울었습니다. 발등에 불이 떨어졌으니 복숭아벌레가 되어 예고 없이 나타난 인간을 원망할 새도 없었습니다. 내가 무슨 일확천금을 노리며 허황된 꿈을 꾼 것인가 돌아보기도 했습니다. 그 틈에도 사기 당한 못난 내 모습이 사람들 앞에 드러날까 봐 입도 뻥긋할 수 없었습니다.

 새벽길을 헤매다가 불빛을 따라 예배당에 들어가 멍하니 앉았다 오던 날이 있었습니다. 찬송하고 소리 내어 기도하는 사람들이 낯설었습니다. 세상을 알아 가는 법을 배우는 대가는 혹독했습니다. 길을 걸을 때도 스쳐가는 사람들은 다른 세상에 사는 사람들처럼 느껴졌습니다. 꽃이 피어도 꽃이 져도 나와는 상관없이 삼 년이 지났습니다. 내가 지나온 고통스러운 시간은 길었고 복숭아벌레였던 여자가 옥에서 살다 나온 시간은 금세 지나갔습니다.

온 가족이 함께 세상을 떠나는 일이 가끔 뉴스에 나오면 그들을 나쁘다고만 할 수 없었습니다. 그런데 죽을 것 같이 힘든 날을 견디고 시간이 흐르자 다시 떠오르는 해가 보이고 마른 마음에도 물기가 돌았습니다. 정신을 차리고 옆을 보니 상처 없는 사람은 없는 것 같았습니다. 유난히 나만 아프다고 울먹일 일도 아니었습니다. 이야기를 들어 보면 복숭아벌레를 마주친 사람도 꽤 많았습니다.

제가 닦아 놓은 길을 열어 보여준 벌레를 봅니다. 복숭아벌레를 먹으면 예뻐진다고, 그래서 복숭아는 밤에 먹어야 한다고 한마디씩 던져주던 어른들의 말이 생각납니다. 어른들이 해준 그 말은 두려워하지 말고 세상을 건너가라는 기원이었습니다. 눈 딱 감고 꿀꺽 삼키면 벌레도 어느 어두운 상처에 닿아 약이 된다고, 상처의 강을 건너본 이들이 토닥여 준 덕담이었습니다. 벌레 때문에 놀라서 향긋하고 달콤한 복숭아 먹기를 포기하는 것처럼 나약하게 살지 말라는 말이었습니다. 힘들어도 가던 길을 쉽게 포기하지 말라는 말이었습니다. 하긴 벌레 먹은 과일이 더 달다는 것을 느낄 때가 있었습니다.

폐경을 앞둔 언니가 화장을 하며 "아직도 이렇게 볼이 도홧빛으로다가, 도홧빛으로다가 고와서 어쩐다냐." 할 때 언니 얼굴엔 화장발이 아닌 진짜 도홧빛이 떴습니다. 길을 따라와 보니 복숭아벌레쯤은 느닷없이 마주칠 수 있는 일이고, 쓴 약 한 사발 눈 딱 감고 들이켜는 그 틈에 때때로 도홧빛으로 볼이 붉어지기도 하는 것이 사는 일이었습니다.

빵 굽는 아침

 버스 정류장 근처에 빵집이 있다. 아침마다 빵 굽는 냄새가 난다. 그 앞을 지날 때, 옆 건물 예배당 십자가 위로 햇빛이 바삭바삭 부서진다. 사람들은 옹기종기 모여 망보는 미어캣처럼 버스 오는 쪽을 향해 고개를 쫑긋거린다.

 정류장 찻길에 아침마다 비둘기 두 마리가 오간다. 차가 오고 사람이 와도 겁을 내지 않고 부리로 길바닥을 쪼아댄다. 아이들이 먹다 흘린 빵부스러기라도 떨어졌을까 살펴봐도 내 눈엔 도무지 아무것도 보이지 않는다. 밤새 배가 고팠던가. 햇살이 둥지 안으로 눈 비비고 들어오고 빵 굽는 냄새가 솔솔 퍼지자 시장기가 일어 내려온 모양이다. 부부 사이인지 어미와 새끼 사이인지 알 수 없으나 두 마리는 함께 다닌다. 제법 오랫동안 종종걸음 치는 것이 그 작은 모이주머니 채우는 일도 쉽지 않은가 보다.

　도시는 비둘기가 설 자리를 주지 않는다. 배설물이 건축물을 부식시키고 세균 번식 때문에 전염병이 생길 수 있다고 여기저기에서 쫓겨났다. 환호하는 사람들 속에서 평화의 상징으로 하늘을 푸드득 날아오를 일도 없다. 할 일이 없어진 비둘기는 사람들이 많은 곳에 모여 빈둥거리며 살기에 '닭둘기'라는 놀림을 받기도 한다. 지난가을 찾아간 성당에도 비둘기 먹이를 주지 말라는 안내문이 있었다. 한때 그 성당은 힘들고 지친 사람들이 쫓기어 들어가 억센 힘을 피하는 장소였지만 그곳에도 비둘기가 쉴 자리는 없었다.

　버스 정류장에 있는 비둘기는 시장 튀밥집 앞에 사는 비둘기보다 부지런히 노동을 하여 먹이를 얻는다. 흩어진 튀밥으로 쉽게 배를 불린 비둘기는 몸집도 크고 둔해 보이지만 길바닥을 쪼고 다니는 두 마리 비둘기는 겨우 배고픔을 면한 듯 몸집이 작다. 사람으로 치자면 요령이 없고 세상 물정에 어두운 비둘기인가 보다. 아니면 무엇을 먹을까, 무엇을 입을까 하는 문제에 크게 마음을 쓰지 않는 비둘기인지도 모르겠다.

　비둘기가 종종거릴 때쯤 할머니 두 분이 적당한 시간 차이를 두고 느릿느릿 정류장 쪽으로 온다. 허름한 비닐 가방을 들고 와서 슬그머니 정보 신문 몇 부를 꺼내어 구겨 넣고는 흐릿하게 걸어간다.

　요즘은 도시나 시골 할 것 없이 노인들만 따로 사는 집이 대부분이다. 그들은 깊은 외로움을 안고 산다. 몇 세대가 모여 살 때는 가족이라는 따뜻한 울타리 안에서 아이가 태어나고 노인은 인간의 품위를 지키며 눈을 감았다. 죽는 날까지 북적거리고 아이들 떠드는 소리에 묻혔을 터이니 넉넉하지 않은 살림일지라도 외롭지는 않았을 것이다.

예전과 달리 자녀들을 잘 길러놓아도 나이 든 부모에게 대부분 의지가 되어 주지 못한다. 남은 삶을 스스로 지탱해야 하는 노인들이 의외로 많다.

젊고 힘이 있는 내 걸음을 비둘기와 노인 옆에 놓는다. 한참 아이들 키우느라 헉헉대는 내 숨을 고른다. 먹이를 모으는 것은 내게도 힘든 일이다. 아이들 입에 바삐 물어다 날라도 그 일은 끝이 보이지 않았다. 이놈 입에 넣고 나면 다른 녀석이 입을 벌리고 재재거린다. 미처 물어다 주지 못한 녀석이 마음에 걸려서 돌아보면 먹이를 채 삼키지도 않은 녀석까지 또다시 노란 주둥이를 내민다. 가끔 글썽거리는 눈물을 들키지 않으려고 먼 산을 보았다. 아이들은 짐이 되기도 하고 힘이 되기도 했다. 노인들도 젊은 날엔 나처럼 뛰어다녀도 아이들 크는 것을 보며 힘든 것을 견뎠을 것이다.

눈이 내리고 길이 얼어 미끄러워지면서 비둘기와 할머니의 발걸음은 뚝 끊어졌다. 그들이 어디서 어떻게 겨울을 나는지 생각지도 못하고 바삐 쫓겨 다녔다. 방학이 되어도 방에서 뒹굴지 못하는 학생들은 가방을 메고 버스를 기다린다. 춥다고 겨울잠을 잘 수 없는 사람들도 버스 정류장으로 모이고 빵 굽는 냄새는 여전히 아침마다 그곳에서 사방으로 퍼져나간다.

햇볕이 따뜻하게 퍼지는 어느 아침, 종이가방을 든 할머니가 걸어오는 모습이 보일 것이다. 투덕투덕 걷는 노인의 걸음 아래서 한 발자국씩 겨울이 물러나고, 햇빛 부스러기를 쪼는 비둘기가 보이면 그때 봄이 온 줄 알 것이다. 나는 눈 속에서 봄빛을 싣고 올 버스를 기다린다.

남자를 스캔하다

그 집 앞을 지나갈 땐 걸음이 한 박자 느려진다. 맑은 물방울이 하얀 꽃잎 위로 떨어지듯 가슴이 스타카토로 뛴다. 시들한 골목길에 오래된 집 한 채를 고치느라 며칠 뚝딱뚝딱 망치 소리가 들렸다. 별 생각 없이 지나쳤는데 어느 날 목공예 공방이 생기고 외벽에 싱그러운 아이비 화분이 걸렸다. 그 집 앞을 지나는 아침, 푸드덕 잠을 깨는 공기에서 박하 향이 난다.

스무 살 무렵 하늘색 우산을 쓰고 어느 집 앞을 지나가던 때도 가슴은 뛰는데 걸음은 느려졌다. 담장 너머로 채 벙글지 않은 목련꽃이 기웃거려 꽃에 눈을 두었던가, 꽃송이 사이로 보이는 창 언저리를 엿보았던가. 노랗게 떨어진 감꽃을 밟지 않으려고 이리저리 피하는 척 걸음을 늦췄던가.

가슴 울렁거리게 하던 그 남자네 집 창에 어느 날 조롱박

넝쿨이 오르더니 하얀 박꽃이 피었다. 꽃이 지고 조롱박이 열렸다. 내 마음속 꽃도 따라서 피고 졌다. 그 사람이 달아놓은 박에서 종소리가 들리는 듯했다. 창가에 조롱박을 키울 생각을 하다니, 그런 생각을 하다니. 그 사람은 내 마음을 받기에 충분한 자격이 있다고 인정했다. 오랜만에 떠올리는 기억이다. 그런 일이 있었다는 것을 까맣게 잊고 있었다. 나는 무디어져 있었고, 살아가는 데 박하 향이나 푸른 종소리 같은 건 그다지 중요한 것이 아님을 알아버렸으므로……

저녁마다 공방에선 불빛이 흘러나온다. 싸늘한 골목이 홍시 빛으로 아늑해진다. 휘몰아서 하루를 보낸 발걸음이 느슨해진다. 발목을 휘감는 불빛이 오늘도 애썼다고 내게 건네는 따뜻한 위로 같다. 누굴까, 내 발끝에 불빛을 풀어놓은 사람이. 지날 때마다 나무 향이 훅 끼치는 공방을 흘끔거린다. 긴 다리를 세운 뽀얀 탁자가 기품 있는 남자처럼 앉아 있다. 따뜻한 불빛을 품은 나무 스탠드는 사색하는 남자 옆에 조용히 앉아 있는 한 마리 달마티안 같다.

공방 안 어디에 그 남자가 있을까. 톱질을 하고 망치를 드는 남자, 섬세한 감각으로 나무에 숨을 불어 넣는 남자. 백아가 되어 종자기를 찾는다는 광고라도 내는 듯 '지음'이라는 이름을 지어 간판을 내건 남자. 자기의 작품을 알아봐 줄 속 깊은 벗을 찾고 있을 그 남자. 마음속 샘물 위로 설렘이 버드나무 잎처럼 떨어진다. 자잘한 파문이 인다.

몇 달이 지나도록 그 남자 얼굴을 본 적은 없다. 혹시 공방 주인이 여자일지도 모른다. 직업에 남녀 구별이 없어진 요즘 주인이 남자일 것이라는 생각은 남자이기를 바라는 내 마음 때문일 수도 있다. 잊고 있었던 종소리를 좀 더 붙잡으려고, 꿈같은 남자를 그리며 그 집 앞을 오가는 얄궂은 심사 때문인 것 같기도 하다.

마음먹고 걸음을 멈췄다. 공방 안 불빛 속에 공구들이 보인다. 이름도 모르는 공구들이 나뭇결 속으로 잦아든 바람을 읽다가 작업실 벽에 몸을 기댄 채 졸고 있다.

살금살금 공방 안 더 깊이 더듬이를 뻗는다. 나무 조각이 흩어져 있고 컵라면 그릇과 종이컵이 앉아 있다. 차가운 시멘트 바닥의 작업실엔 기품 있는 남자와 달마티안도 보이지 않는다. '지음'은 종자기를 찾는다는 광고가 아닌 단지 '짓다'의 명사형으로 지은 이름일 것이라고 생각이 기운다. 그래, 집을 짓고 가구를 짓고 아이들을 품어 키울 가정을 지어야겠지.

그때 그 남자는 지금도 창가에 조롱박 넝쿨을 올리는지, 그 남자 가슴속에서 가끔 하얀 박꽃이 피고 지는지. 아니면 그 기억조차 잊은 채 어두워진 시간까지 끝내지 못한 일을 하고, 소주 한 잔에 공허한 웃음을 날리며 지친 하루를 닫는 그저 그런 아저씨로 살아갈 수도 있겠다. 꼭 그런 남자만 있는 것은 아니지. 가끔 여행을 하고, 읽고 싶은 책을 읽고, 운동을 하며 알뜰하게 사는지도 모르지. 공방 앞에서 스무 살 무렵 남자를 생각하며 서 있다.

아, 공방 작업실 안에 그 남자가 보인다. 시간도 이젠 지쳐 몸을 누이려고 하는데, 그런 줄도 모르고 작업대에 엎드려 있는 남자, 불빛이 젖은 어깨 위에 잠시 눈이 머물다 미끄러진다.

눈길도 알아채지 못하는 남자, 아무것도 모르는 그 남자, 아무것도 모르는 낡은 작업복 속 엉덩이.

겨울 다리목
쑥국을 끓이면서
새우눈
치명적인 오류
글 숲을 거닐며
깊고 푸른 봄
내 푸른 나이
어떤 길
전설
보따리 사랑
진명이와 고양이
이상하고 아름다운 세상

겨울 다리목

 만선 깃발처럼 눈이 내리는 날, 대구 두 마리가 스티로폼 썰매를 타고 왔다. 얼음 속에 누워서도 서슬 퍼런 지느러미가 꼿꼿했다. 마치 사막을 건너고 산맥을 넘으며 치열하게 싸우다 돌아온 개선장군 같은 기개를 뿜어냈다. 비록 생명은 잃었지만 제가 걸어온 길에 한 치의 후회나 아쉬움도 없다는 듯 자세에 흐트러짐이 없었다. 꾹 다문 입, 이런저런 사연들은 침묵으로 말하고 있었다.
 바다 한 움큼 보낼 테니 힘을 얻어서 겨울 잘 건너라는 전화를 받고 마음을 거절하지 못했다. 얼버무린 대답 끝에 미끄럼을 타고 온 생생한 선물이었다. 어디서부터 무엇을 해야 하나. 몸집도 큰 데다가 바다에서 갓 건져 올린 것 같은 생선을 다듬는 것은 처음 일이라서 쩔쩔매며 스티로폼 주위를 서성였다.

생선을 통째로 냉장고에 들이자니 쉽지 않을 것 같았다. 비린 것을 즐겨 먹지도 않고 손질하는 것도 늘 서툴지만 그대로 둘 수 없었다. 물론 겨울바람을 맞히며 말릴 엄두도 나지 않았다. 맹수도 아닌 생선 두 마리가 나를 꼼짝 못하게 하다니. 이런 성가실 일이 있나 하며 눈을 흘기는데 대구의 눈망울에 수평선 위를 떠돌던 흰 구름이 담겨 있었다.

굼뜨게 칼과 도마를 찾았다. 마지막 숨이 남아 있을 것 같아서 얼룩무늬로 남은 삶의 자국 거두기가 쉽지 않았다. 옆구리에 새긴 물결 모양의 이력을 훑어 읽으며 숨부터 골랐다. 먼저 말갛게 뜬 눈을 한쪽 손으로 가렸다. 그러고는 마지못해 칼을 댔다. 칼끝에서 느껴지는 등뼈가 단단했다.

생선 위에 칼을 대고도 더 나아갈 수 없는 손목에선 힘이 빠졌다. 대구는 온몸에 힘을 주고 버티었고 싸우고자 하는 의욕을 잃은 칼이 쉽게 들어갈 리 없었다. 작은 움직임도 없는 대구 두 마리와 대치하는 시간은 길었다. 누구라도 나타나 도와주기를 바랐다. 내가 안 보는 사이에 음식이 되어 나와 주면 좋을 텐데 마땅한 해결방법이 없었다. 허둥대는 것을 눈치챈 대구는 더욱 거센 기를 뿜으며 나를 짓눌렀다.

눈보라 치는 밤길을 걷다가 눈도 못 뜨고 한 발 내딛지도 못한 채 속울음을 삼키던 때가 있었다. 미루나무 온몸을 휘감는 바람에 걸음이 휘청거렸다. 울음을 머금고도, 울먹이면서도 가던 길을 가야 했다. 산다는 건 그랬다. 대구도 알에서 깨어나 저만치 자라도록 차고도 깊은 바닷속에서 눈물 삼킨 날이 많았을 것이다. 살아가는 일이 더러 숨이 막히게 두렵고 힘들었을 것이다. 무엇을 위해 사는가 생각할 겨를도 없이 헤엄치다 보니 산란할 때가 되었고, 마땅한 자리를 찾아 얕은 바다로 돌아온 대구를 인간들이 놓칠 리 없었다.

맥없이 몸을 부리기엔 시간이 필요했나 보다. 두 손을 모아 칼에 힘을 주자 대구는 등뼈를 다시 곧추세웠다. 손길이 자주 멈칫거렸다. 눈도 똑바로 뜨지 못하고 더듬더듬 생선을 손질했다. 어찌어찌하다 보니 암막으로 둘러싸인 비밀스러운 곳이 나타났다. 이제 연극은 끝나지 않았는가. 조심스레 막을 걷었다. 제 목숨 이어준 것들 장사 지내고 눈물 훔칠 새 없이 다시 물살을 헤치며 노를 저었을, 검은 막에 싸인 내장은 이승의 연을 단단하게 붙잡고 놓지 않았다. 아직 연극의 마지막 장이 남아 있는 모양이었다.

대구탕 끓일 일이 꿈만 같았다. 푸른 맥이 이렇게 쌩쌩한데……. 아무리 추워도 얼어붙지 않는, 겨울 바다 한 귀퉁이 떠서 건네준 손 민망하도록 창밖엔 막막하게 눈이 내렸다.

내리는 눈 사이로 흐린 가로등 불빛이 보일 즈음에야 어설픈 손질 자국이 그대로 남은 대구를 육수에 넣었다. 붉은 고추를 썰어 꽃잎처럼 얹어 주었다. 겨울을 용케 견디는 미나리 푸른 빛도 한 줌 띄웠다. 대구는 제 몸을 풀어 내 안의 찬 기운을 녹였다. 찬 바다를 건너온 자만이 할 수 있는 일이었다. 그 삶의 끝은 담백했다. 달고 시고 쓴 어떤 맛도 남기지 않았다. 깊은 곳에서 울어 본 자만이 할 수 있는 일이었다. 막은 내렸다.

대구는 마지막까지 당당하게 제 역할을 다했다. 긴 여정은 수증기가 되어 날아가고, 무대 위에 버려진 등뼈를 바라보는 관객만 남았다. 스티로폼을 타고 온 대구는 겨울 다리목에 엎드려 등 내어주고 그렇게 눈발을 타고 갔다.

쑥국을 끓이면서

 봄인데 봄이라고 말할 수 없는 계절의 길목이 있다. 봄이 시작되는 날짜를 알 수 없으니 남녘 꽃소식에 귀를 세우고, 새싹과 꽃눈을 살피며 봄이 열리기를 기다린다. 쑥이 자라는 모습을 보고 봄의 키를 재다가 손가락 두 마디만 하게 쑥이 올라오면 쑥국을 끓여서 여린 봄을 삼킨다.
 바다에서 자유롭게 헤엄치던 멸치가 굽은 몸을 펴지 못한 채 냄비 속에서 빙빙 돌며 모였다 흩어진다. 제 의지와 상관없는 자맥질을 하다가 떠오른다. 끓는 물속에서 굳었던 몸이 펴진다. 멸치는 제게 있는 모든 맛을 맹물에 풀어 놓고 다시 바다로 가는 길을 찾아 나선다.
 된장을 푼다. 푹 삶아 짓이긴 콩, 겨울 하늘 아래서 얼다 마르다 되풀이하며 봄을 기다린 메주. 누렇게 뜬 얼굴로 바라보는 해가 좀 길어졌다고 봄이 그리 쉽게 올 리 없다. 갈라지고 터진 메주 틈으로 샅샅이 소금물이 스며들었다. 쓰린 살이 속절없이 허물어져 항아리 속으로 들어가서야 메주는 숨을 고르며 익어갔다.

흙, 자갈을 밀어 올리고 나오는 솜털 보스스한 쑥을 보면서 해마다 다시 맞는 봄을 고마워한다. 쑥은 도시 뒷골목 콘크리트 담벼락 틈새에서도 고개를 내민다. 봄볕 아래서 봄비와 봄바람이 키운 밑동 토실한 쑥을 한 소쿠리 캤다.

뽀얀 쑥을 살랑살랑 어르듯 씻어 물기를 뺀다. 멸치 우려낸 물에 된장이 스스럼없이 스며든다. 어린 쑥을 그 물이 받아낸다. 흙빛 양수다. 목숨 내어 놓은 물이기에 여린 목숨 받아내는 데 부족함이 없다. 그것들이 어우러져 쑥 향을 피워 올린다. 담담한 국물이 겨우내 뭉친 속을 쓰다듬어 풀어준다. 쑥국 한 그릇이 대지의 기운을 옮겨다 뿌려주면 흙을 닮은 몸이 깨어나고 부스스 봄이 온다.

쑥국을 먹어야 봄이 오는 이유를 여태 몰랐다. 제 목숨 떼어준 것들, 기꺼이 내게로 와서 뼈와 살로 보태진 것들이 '이놈의 세상 못 살겠다.'고 내가 투정할 때마다 속에서 아우성이라도 친다면 어찌할 것인가. 내 몫까지 살아내라고 윽박지른다면 또 어쩔 것인가. 거저 주고 침묵하는 것들 앞에서 봄이 찬란하다.

새우눈

 바다는 손을 헹구지 못한 채 앞치마에 손을 쓱쓱 닦으면서 손님을 맞았다. 무쇠 솥에 불을 때다가 부지깽이 던져두고 뛰어나와 손을 부여잡고 눈물부터 보이던 언니를 닮았다.
 갯벌 가까이 있는 바다는 그랬다. 흙과 바람 속에서 뚜벅뚜벅 걷는 사람처럼 꾸밈이 없고 투박했다. 비릿하고 짭조름한 냄새가 밴 물이랑을 일궜다. 바다는 온갖 목숨들을 거두느라 잠시도 쉬지 않는다. 그것들을 부추기고 쓰다듬고 다독이느라 분주하다.
 인적 드문 산골에 터를 잡고 하루하루를 엮어내는 언니는 때 묻은 수건으로 땀을 훔치며 그저 생각 없이 사는 줄 알았다. 누구를 그립다고 한 적도 없고 삶이 외롭다고 툭 내뱉은 적도 없다. 올망졸망한 아이들 품고 눈 끔벅거리는 일소 한 마리

먹이는 것이 사는 일의 전부인 줄 아는 듯했다. 세상 구경 한번 제대로 하지 못해도 그런저런 말은 입도 뻥긋하지 않았다.

마음먹은 대로 되는 게 없어서 병이 난 어느 날 느닷없이 언니를 찾아갔다. 이미 소문난 대로 사람을 보고는 맨발로 뛰어나와 손을 잡고 눈물바람을 했다. 인사말을 하는 것도 아니고 그예 털썩 주저앉아 우는 것이었다. 그것으로 안부도 묻고, 그립고 외로웠노라는 말까지 다 하는 것이었다.

그때는 내가 어려서 그 질펀한 인사가 민망했다. 학교를 그만 다녀야 할 형편이었다. 해결책을 찾지 못하고 혼자 끙끙대면서 야위어갔다. 목 안에 가시가 돋은 듯해서 말하기도 불편하고 엄마가 끓여주신 죽 한 숟갈도 제대로 먹을 수 없었다. 마음속 가시가 스스로 상처를 낸 것이었다. 그런 가시를 품은 내 앞에서 오랫동안 못 본 사람 하나 찾아왔다고 울음을 퍼내는 모습은 내 안에 고인 눈물을 끌어내지 못했다.

언니의 울음은 그리 길지 않았다. 울음을 뚝 그치더니 언제 그랬냐는 듯이 옷을 툭툭 털며 일어나 부엌에 가서 소쿠리와 칼을 들고 나왔다. 그 길로 쑥을 뜯어다 떡을 쪘다. 내가 머무는 동안 왜 왔는지, 얼마나 있다 갈 것인지 묻지도 않고 말없이 밥상에 나물 하나 더 무쳐 내놓곤 했다. 산골 아낙네의 옹이 진 삶을 이제는 쓰다듬을 수 있겠다. 질그릇 같은 삶 속에서도 순박함과 따뜻함을 지켜 사람을 품던 그 눈빛이 밟힌다. 갯벌을 쓰다듬는 바다를 보니 할머니가 되어 눈물도 마른 언니 생

새우눈 153

각이 났다.

바다를 보러 갔다가 새우젓 구경을 했다. 사람들은 드럼통 속 새우를 뒤적이며 탱탱한 허벅지와 붉고 선명한 입술과 투명한 피부를 흥정했다. 붉은 꽃 피던 새우의 첫사랑도 여지없이 소금에 절여 오젓이라며 싼값에 넘기고, 알을 품어 키우던 기쁨은 육젓을 만들어 시원하고 칼칼한 본능에 버무렸다. 연보랏빛 여린 꿈을 소금에 절여 자하젓이라는 이름을 붙였다.

자하젓……. 불국사 자하문, 보랏빛 새우와 보랏빛 안개, 청운교와 백운교를 지나 닿는 자하문, 진흙투성이 이승과 신비한 저세상을 가리고 서 있는 아득한 문. 뿌옇게 비 내리던 날, 불국사에서 올려다본 그 문을 열면 정말 부처의 나라가 있을 것만 같았다. 여린 새우는 제 목숨 보시하고 자하문 너머 세상을 봤을까. 그날 경주 하늘에선 해탈한 까마귀 떼가 까악까악 울었다.

뭐니뭐니 해도 새우젓은 육젓이 그중 낫다더라. 유월에 잡은 살 오른 새우라야 제대로 맛이 난다더라. 그 말을 믿고 육젓 한 그릇을 샀다. 굳이 찍어 맛을 보라는 걸 마다했더니 젓갈집 주인은 새우 두어 마리를 내 입에다 불쑥 밀어 넣었다. 새우는 간곳없고 간간한 바닷물 한 방울만 혀끝에 스며들었다.

새우젓과 고춧가루를 버무려 깍두기를 담갔다. 매운맛도 짠맛도 서로 내세우지 않았다. 태생도 모양도 맛도 제각각 다른 것들이 버무려져 익자, 시간은 풍미를 저울질했다.

어느 날 무심코 깍두기 한 보시기를 꺼내 놓았다. 그때였다. 곰삭은 깍두기 위에 따옴표 같은 작은 점이 보였다. 새우눈이었다. 이제껏 살면서 새우젓 넣은 깍두기를 처음 먹은 것도 아닌데 왜 하필 그때 내 눈에 띈 것일까. 몸은 다 어디로 스며들고 까만 눈만 남았다.

아직도 바다를 잊지 못하는가. 끝내 놓지 못한 이름을 따옴표로 새겼는지, 무엇을 그리 눈이 빠지도록 기다리는 것일까. 눈이 빠지게 기다리다 돌아섰노라는 빈말을 그 앞에선 차마 할 수 없었다.

언니는 병든 남편을 오랫동안 수발하고 있다. 아이들은 자라서 언니 곁을 떠났지만 아직도 그곳을 떠나지 않고 붙박여 산다. "언니 집 뒷산에 진달래 피면 한번 갈게." 한 지가 또 몇 해 훌쩍 지났다. 새우눈을 마주치지 못하고, 살면서 쏟아낸 빈말들만 깍둑깍둑 젓가락질하는데 언니의 맑던 눈빛이 밥상 위를 맴돈다.

치명적인 오류

 그는 짐짓 차가운 문자 메시지 하나를 툭 띄웠다. 힘이 없는 듯했지만 다분히 위협을 가하는 말투로 짧고 단호하게 "치명적인 오류가 발생했습니다."라고 하는 것이었다. 화면 여기저기를 뒤적이며 무방비 상태에 있는 내게 웬 뜬금없는 소리란 말인가. 거두절미하고 그리 말하면 대체 어쩌라는 것인지 그는 움직이지 않는 화면을 들이대고 침묵시위를 했다.
 처음부터 우리가 저를 혹사시킨 것은 아니다. 멀리 사는 친구와 우체국에 가지 않고도 편지를 나눌 수 있다는 정보를 듣고 이메일이라는 것을 조심조심 신기해하며 나눌 정도였으니까. 그러나 컴퓨터는 빠르게 보급되었고 우리가 그 편리함을 알아갈수록 그는 쉴 틈이 없어졌다. 아들 녀석이 그 앞에 딱 붙어 앉아 게임을 할 때도 애꿎은 컴퓨터에 눈을 흘기곤 했다.

식구가 돌아가면서 강의를 듣고, 자료 검색을 해서 과제를 해결하고, 때때로 노래를 듣거나 여러 가지 영상을 찾아서 본다. 가끔 감기몸살을 앓는 것처럼 잔고장은 있었지만 그동안 깊은 속병이 생겼다거나 우울하다는 내색도 않다가 갑자기 앵돌아져서 치명적인 오류가 발생했다니. 그야말로 '치명'이란 '목숨이 끊어질 지경에 이름'을 일컫는데 '치명적'이라는 말을 그리 함부로 써도 되느냐 말이다.

속으로 투덜거리긴 했어도 이러다가 자료 복구가 불가능하고, 목돈 들여 새것을 장만해야 하는 것 아닌가 불안했다. 당장 대책이 없으니 강제 종료를 해서 그 입을 닫아버렸다.

컴퓨터가 생활에 차지하는 자리가 꽤 크다. 컴퓨터를 마음껏 쓰지 못하면 안절부절못하는 자신을 발견한다. 컴퓨터에 인간인 내가 끌려가서는 안 된다고, 컴퓨터 없어도 아무 문제 없다고 마음을 다스려 보지만 그건 불안을 감추려는 수단에 불과하다.

서비스를 시작하는 가장 빠른 시간에 고장 신고 접수를 하고 기다렸다. 수리 기사가 몇 번 작동을 해보고 본체를 열더니 가지고 가서 고쳐와야겠다고 했다. 마치 입원이라도 시키는 것 같았다. 그 치명적인 오류라는 것이 마치 암 선고라도 받게 될 것 같고, 치료비는 얼마가 들지, 치료 기간은 얼마일지 또 걱정이 되었다. 보내고 난 빈자리가 허전했다.

컴퓨터는 이틀 만에 부품을 갈고 업데이트를 해서 되돌아왔다. 다소 많은 수리비를 냈고, 문서 몇 개가 날아갔지만 치명적인 피해는 입지 않았다. 컴퓨터는 '치명적인 오류' 소동에 대해 시치미 딱 떼고 늘 있던 자리에 앉아 다시 과중한 업무를 시작했다. 그 모습을 보니 살면서 생기는 오류쯤 유쾌하게 털어내고 싱그럽게 살고픈 마음이 생기는 것이다.

글 숲을 거닐며

 현기증과 함께 식은땀이 흐른다. 가슴이 뛰고 얼굴이 화끈거린다. 누군가에게 몹시 미안하고 부끄러워 고개를 들 수 없다. 글을 읽다가 내 무지와 무식을 발견할 때마다 온몸에 힘이 빠진다. 마음을 추스르고 일어나 몸을 움직인다. 차를 한 잔 마셔야겠다 싶어 천천히 찻물을 준비한다. 자책하며 약을 먹듯 차를 넘기는데 잊고 있던 기억이 찻물 위에서 기지개를 켠다.

 이름 석 자와 아라비아 숫자 10까지 겨우 익히고 입학한 초등학교. 어느 날 선생님은 칠판에 한글 닿소리를 쓰셨다. 그리고 우리에게 그 아래 닿소리 이름을 써보라고 하셨다. 아이들은 하나씩 손을 들고 나가서 '기역, 니은'을 쓰고 어렵게 '디귿, 티읕'도 썼다. 문제는 'ㅎ'이었다. 아이들이 하나 둘 칠판 앞으로 나가 썼지만 선생님은 모두 정답이 아니라고 고개를 저었다. 잠깐 교실 안에 침묵이 흐르고 나는 용기를 내어 손을 들고 앞으로 나갔다. 그리고 '히읗'이라고 썼다. 선생님은 맞게 썼다며 칭찬을 아끼지 않으셨다. 글쎄 왜 그렇게 썼는지는 전혀 모르겠지만 그 기억 한 조각은 남아있다.

국어시간이 좋았다. 새 책을 받으면 국어책부터 열었다. 시를 읽고 수필을 읽고 소설을 읽었다. 국어시험은 따로 공들여 공부하지 않아도 좋은 점수가 나왔다. 무슨 책이든 눈에 띄면 읽었다. 글짓기 대회도 자주 나갔다. 그러다 보니 다른 사람이 써놓은 글에 틀리게 쓴 것이 톡톡 눈에 띄었다. 중학교 때 처음 남학생의 편지를 받았는데 맞춤법이 엉망이었다. 난 끝까지 읽지도 않고 편지를 아궁이에 넣었다. 그렇게 맞춤법을 모르면 공부도 아주 못할 것이라고 얕잡아 봤기 때문이다.

어찌 알았으랴. 내가 뒤늦게 다른 사람의 글에서 뉘와 티를 가려내는 일을 하게 될 줄을. 일을 하면서 좌절은 수시로 왔다. 그동안의 오만은 보잘것없이 깨지고 무너졌다. 내가 잡아내던 티는 빙산의 일각이었을 뿐이고 겨우 아는 만큼 보였을 뿐이었다.

사람들은 처음 보는 어휘도 쓰고 제각각의 방언도 썼다. 틀린 글자를 잡으려고 신경을 곤두세우고 원고를 읽으면 문맥을 놓쳤다. 문장이 좋아서 정신없이 읽다 보면 오탈자를 놓쳤다. 두 번, 세 번 읽을수록 매끄러워졌지만 같은 글을 세 번, 네

번 읽으려면 인내가 필요하다. 내가 좋아하는 책을 긴장하지 않고 읽을 때와는 차원이 다른 읽기이다.

어느 문장은 마구 헝클어진 머리카락 같아서 빗이 내려가지 않는다. 가시넝쿨 얽힌 길을 걷는 듯해서 낫을 휘두르다가 숨을 고른다. 일관성 없는 문장을 따라가다 보면 길을 잃고 허둥댄다. 그러다가 도대체 내가 지금 무엇을 하고 있는가 싶어 주저앉는다.

글 잘 쓰는 사람만 글을 쓰고 책을 내라는 법은 없다. 좋은 문장과 상관없이 사람들은 글에 아픔을 털어놓고 스스로 마음의 상처를 치유하는 것을 엿본다. 그것도 귀한 일이라서 거친 글도 품을 수 있는 여유가 생겼다. 우리 어머니들도 그랬다. "내가 살아온 얘기를 책으로 쓰면 열 권도 더 될 것이다."라고. 그분들은 하고 싶은 말을 글로 풀어내지 못하고 마음에 담아두었고, 어떤 사람들은 꺼내어 놓은 것이다. 거기에 내 알량한 글줄을 보태서 좀 다듬어 줄 뿐인데, 그때마다 완벽하게 해냈다고 할 수 없으니 낭떠러지로 떨어지곤 하는 것이다.

오호 애재라. 이왕 글월 가까이에서 살려면 명문을 짓는 작가로 살 것이지 다른 사람의 글에 뉘를 고르며 고심하는 자리에 서서 애를 태우다니.

늘 잡초 우거진 밭을 매는 것은 아니다. 바람이 살랑살랑 부는 오솔길에서 들꽃을 만난다. 시원한 숲 속에서 꾀꼬리 소리도 듣는다. 훤하게 뚫린 길을 거침없이 달릴 때도 있다. 작가와 손을 잡고 걸으며 유쾌하게 웃을 때도 있고, 그의 아픔을 들으며 눈물이 고여서 창밖을 바라볼 때도 있다. 좋은 문장이 기억에 남으면 다른 사람과 이야기할 때 소개하기도 한다. 그러면서 목과 어깨가 뻐근하도록 남의 글을 읽는 어려움과 두려움은 휘발되고 다시 마음을 가다듬어 원고 속으로 들어갈 힘이 생기는 것이다.

깊고 푸른 봄

 사람들은 벚꽃에 홀려 들떠 있었다. 꽃향기 대신 날리는 지린 냄새도 풍선처럼 떠오른 흥분을 끌어내리지 못했다. 하필 동물원에 핀 벚꽃을 보러 갔으니 사육장 사이로 난 길을 따라 걸을 수밖에 없었다. 사람들이 원숭이 우리 앞에 모여 있었다. 생김새가 다른 원숭이 몇 마리가 잎도 없이 댕강댕강 자른 나무를 타고 오르락내리락했다. 어떤 놈은 오도카니 앉아 사람을 구경하고 어떤 놈은 무엇을 달라는 듯 손을 펴 보이기도 했다. 어릴 때처럼 그 모습이 마냥 재미있는 것은 아니었다. 강마른 바람까지 불었다. 오래 바라볼 마음이 생기지 않아서 원숭이 우리 모퉁이를 막 돌아 나올 때였다.
 마른 나뭇가지조차 없는 사방 시멘트 벽, 시멘트 바닥의 어둑한 공간에 침팬지 한 마리가 웅크리고 있었다. 느닷없이 나타나 검은 점처럼 콕 찍혀 꼼짝도 하지 않았다. 이제 막 어린 티를 벗었는지 몸집이 작았다. 순간 흠칫했다. 정물처럼 앉아 있는 녀석에게서 검푸른 파장이 전해져왔다. 그곳으로 지나가는 사람도 없었다. 나라는 존재는 안중에도 없는 침팬지와 그 침팬지를 보고 있는 나뿐이었다. 그 앞에서 무슨 큰 잘못이라도 한 것처럼 심장이 쿵쿵 뛰었다.

털 속에 보이는 한쪽 눈이 안개 낀 호수 속인 듯, 그늘 짙은 정글 속인 듯 깊었다. 저를 보는 내 눈도 마주치지 않고 생각 너머 어디를 헤매고 있는지, 이제껏 그처럼 아득한 눈을 본 적이 없다. 높은 곳을 향한 아득함이 아니라 바닥으로 바닥으로 내려가는 아득함이다. 더 있어야 하나 지나가야 하나, 짧은 순간 나는 어찌할 줄을 모르고 서 있다가 가만히 그곳을 나왔다. 시간이 흘러도 어딘가 숨어 있던 침팬지의 눈이 불쑥불쑥 내 안에서 떠오르곤 했다.

카프카의 단편 소설 〈어느 학술원에 드리는 보고〉를 각색한 연극 속의 원숭이를 보았다. 황금 해안에 살던 원숭이가 무리와 함께 물 먹으러 갔다가 사냥 원정대 총에 맞았다. 증기선 중간 갑판의 우리에서 깨어난 원숭이는 있는 힘을 다해도 넓혀질 수 없는 곳, 출구가 없는 곳에 갇혀 있음을 알았다. 보이지 않는 어떤 출구를 찾아야 했다.

사람처럼 되면 쇠창살이 열릴 것이라 생각한 원숭이는 침을 뱉고, 술 마시는 연습을 하며 사람 흉내를 냈다. 그리고 처절한 노력을 하여 사람처럼 살게 되었다. 밤마다 하는 공연은 큰 성공을 거두었다. 연회, 학술모임을 마치고 밤늦게 집으로 돌아오면 반쯤 조련된 조그만 암 침팬지가 기다리고 있었다. 사람처럼 살게 된 원숭이는 자기는 갇혀 있던 우리를 벗어났다며 울타리를 벗어나지 못하고 살아가는 인간을 조롱했다.

'땅을 딛고 있는 이들의 발뒤꿈치를 간질이는 것은 무엇인가.' 선문답 같은 물음을 던지던 그 원숭이가 동물원 우리로 돌아왔다. 인간 흉내를 내다가 지쳐서 기억을 되짚어가며 황금해안의 정글로 가는 출구를 다시 찾고 있는지도 모른다.

사무실 창가에서 밖을 내다본다. 높은 건물이 눈앞을 가로막고 있다. 누군가 감시하며 막는 것도 아니고 자유로운 두 발도 있지만 밖으로 나갈 수 없다. 보이지 않는 틀 속에 주저앉아 있다. 밖에는 나와 상관없는 사람들 소리가 들리고 오고가는 자동차 소리도 들린다. 잎이 피고 새가 난다. 나뭇가지 사이로 바람이 마음껏 들락거린다. 창을 사이에 둔 풍경 앞에서 나는 어느 섬에 홀로 떨어진 것처럼 아득하다.

건물 사이로 빼꼼 하늘이 열려 있다. 그 사이로 숨구멍이 있을 것 같아 숨을 들이마신다. 눈길이 닿는 하늘 끝에 예배당 십자가가 보이고 그 앞에는 멀티플렉스 영화관 간판이 보인다. 낡은 예배당 첨탑이 하늘을 향해 솟아 있다. 현대식 건물 이마에 얹힌 영화관 간판이 훤하게 땅을 비춘다. 그렇지만 첨탑 끝에도 간판 앞에도 길은 보이지 않는다. 내 안에 있던 침팬지의 눈이 부표처럼 떠오른다.

연극 속의 원숭이와 동물원에서 보았던 침팬지를 데리고 밖으로 나간 것은 순전히 창밖에 가득한 봄빛 때문이다.

낡은 아파트 앞에 햇살 부스러기로 비둘기 서너 마리를 먹여 키우는 튀밥장수가 있다. 봉지 속에 든 튀밥이 선하품을 하고 졸음이 매달린 튀밥기계는 제자리에서 맴을 돈다. 아지랑이 속에서 '뻥―.' 소리에 놀란 할머니 발끝으로 웃음이 굴러 길을 낸다. 새가 날아오른 하늘가에 비행운이 길을 낸다. 울음을 터뜨리는 아기 입 속에 쏙 올라온 이 두 쪽이 해맑다. 늦잠 자던 벚꽃 튀밥이 툭툭 터진다. 깊고 푸른 봄이 등불을 켜들었다. 저기쯤 침팬지가 꿈꾸는 출구가 보인다.

내 푸른 나이

젊은 날, 무작정 기차를 탄 적이 있다. 좌석표를 구하지 못하면 네 시간 정도는 너끈히 서서 갔다. 좌석 끝자리 빈 공간을 차지할 수 있으면 걱정 없었다. 낯선 사람들과 무심한 눈빛이 부딪치기도 하다가 편안한 사람이 옆 자리에 앉으면 드문드문 이야기를 나누는 것도 괜찮았다. 얇은 책을 꺼내어 몇 줄씩 읽고는 창밖에 눈을 두고 음미하는 일도 멋스러웠다.

기차와 어울리는 것은 시골 간이역이다. 가을날 기차에서 내리면 설렁 안겨오는 코스모스 빛을 띤 바람과 오래된 역 대합실에 옹그리고 있던 낙엽 닮은 체취는 마음을 설레게 했다.

장거리 여행을 할 때 멀미 때문에 이왕이면 기차를 탔다. 기차를 타면 창밖 풍경을 보기 편하고, 소음이 있긴 해도 내부가 넓어서 편했다. 기차와 함께한 추억 속에는 삶은 달걀과 빨간 홍옥도 함께 들어 있다. 저녁 해가 붉고 선명하게 액자에 담긴 듯이 창에 비쳐 따라오던 그림도 남아 있다.

지난겨울에 혼자 기차를 타고 다녀올 만한 곳을 찾아보았다. 기차를 타면 헝클어진 마음을 가다듬을 수 있을 것 같았다. 멀리 가는 것은 일정을 맞추기도 어렵고 조금 두려웠다. 그래서 고른 곳이 한 시간 반 정도 기차를 타고 가서 갈대밭을 둘러보고 올 수 있는 곳이었다. 기차를 타고 남쪽으로 혼자 가는 길은 낯설었다.

자리를 찾아 앉고 느긋한 마음으로 기차의 흔들림에 몸을 맡겼다. 바깥을 좀 보려고 하면 굴이 나타났다. 속도만 생각해서 만든 길엔 볼거리가 없었다. 굴을 몇 개나 지났는지 세기도 전에 새로 난 기찻길 멀리 마을이 보였다. 기차는 잠깐 사이에 내가 살던 마을 가까이로 데려갔다.

꽃 같은 시간을 다 삼켜버린 곳, 흙 사이로 스며든 내 푸른 나이는 지금 거기서 무엇을 키우고 있나. 대학을 다니다가 어설픈 촌부가 되었다. 들 구경하러 따라나선 밭에 자잘한 대나무를 심어 놓았기에 대나무도 재배를 하는지 물었더니 그것이 생강이라고 했다. 당근을 쑥 뽑아서 옹달샘 물에 쓱쓱 씻어 먹을 때만 해도 농촌생활은 싱그럽게 다가왔다. 아궁이에 왕겨를 넣고 풀무로 불을 피워 쇠죽을 끓이는 일도 신기했다. 그렇지만 날이 갈수록 가슴속에 눈물 같은 것이 차올랐다. 내 탁한 날숨을 받아 줄 그 무엇도 없었다.

한때는 그곳에서 내 젊은 날도 꿈도 다 묻어버렸다고, 다 타고 재만 남았다고 절망했다. 산으로 둘러싸인 하늘은 좁았고 달아날 길도 보이지 않았다. 그래서 주저앉은 시간은 길었다. 어찌할 수 없이 풀어지지 않는 멍울을 안고 주어진 길을 걸었다.

다시 굴 하나를 막 빠져나가자 가까이에 시아버지 묘소가 보였다. 시아버지는 밭 옆에 있는 기차 터널 공사가 거의 마무리될 때쯤 돌아가셨다. 평생 그곳을 벗어나지 않고 살다가 당신 발자국 새겨진 밭에 뼈를 묻은 아버지. 아버지의 별세는 내 발걸음을 잠시 쉬었다가 방향을 바꾸게 하는 계기가 되었다. 농사를 줄였고, 다른 일을 찾으려고 눈을 돌렸다.

눈 깜짝할 새에 기차와 나는 그 마을과 아버지가 잠든 밭을 아무렇지도 않게 스쳐 지나갔다. 내 안에서 한숨 닮은 흰 연기 같은 것이 빠져나갔다. 내가 오가던 들이 흘끔 곁눈질을 했고 기차는 모른 척하며 제 갈 길을 갔다. 시간은 기차처럼 달리며 인연의 줄을 맺기도 하고 인연의 매듭을 짓기도 한다. 기차가 달리는 동안 잠깐 얽힌 마음을 가라앉혔다.

낯선 역에 내려서 눈치껏 갈대밭을 찾아갔다. 겨울 갈대밭은 서걱대는 소리도 없었다. 울렁거릴 빛깔이나 움직임도 없이 숨죽이고 있었다. 갈대밭 사이로 난 길을 터벅터벅 걸었다. 갈대의 삶은 거기가 거기였다. 불쑥 키가 크거나 몸이 눈에 띄게 굵은 것도, 혼자만 푸른 것도 없었다.

끝없이 펼쳐진 갈대는 몇 천, 몇 만 포기가 아닌 그저 '갈대' 하나로 보였다. 다 털어내고 발밑에서 새순을 키우는 갈대의 일생을 숨김없이 보여주었다. 귤 두어 개로 마른 목을 축였다. 희멀건 하늘 끝에 해가 들었다.

아파하고 안타까워했던 날들은 거름이 되어 다시 나를 키웠다고 갈대처럼 울던 젊은 날을 위로하며 쓰다듬었다. 순응하는 것을 포기하는 것과 구별하고 싶지만 가벼워져야 할 계절엔 기꺼이 가벼워져야 하는 것이다. 겨울 햇빛을 받으며 피우지 못한 내 푸른 나이를 갈대 끝에 놓고 풍장했다. 그리고 돌아오는 기차를 탔다.

어떤 길

많은 길을 돌아서 이곳까지 왔다. 무엇이 나를 여기까지 오게 했는지. 내가 가야 할 길이 이미 정해져 있었고, 그 길이 자석처럼 나를 끌어 이곳에 서게 한 것은 아닐까. 궁금해 하며 아득하고 멍하니 길 위에 서 있다.

산자락 아래 마을엔 아직까지 낡은 기와집이 몇 채 남아 있다. 손바닥만 한 텃밭도 낮은 담벼락에 붙어 있다. 사람 손이 덜 닿은 이 골목은 남편이 다니던 고등학교 뒷담 길이다. 그는 시골에서 올라와 이 동네에서 하숙을 하며 학교를 다녔다. 눈에 드는 여학생 생각에 설레며 이 길을 걸을 때도 있었겠지만 그의 어깨는 무거웠을 것이다. 아버지가 자전거에 쌀가마니를 실어다 부쳐주던 가난한 농가의 장남이었기 때문에.

그가 이 학교를 다닐 때 나는 초등학생이었다. 그와 나는 뚝 떨어진 영남과 호남에서 서로를 모른 채 초등학교와 고등학교를 다녔다. 내가 '국군장병 아저씨께'라고 시작하는 위문편지를 연필로 쓸 때 그는 전방에서 철책근무를 했다. 군대를 다녀온 그가 서울에서 다니던 직장을 그만두고 고향으로 내려가 소를 키웠다. 그 무렵 내 외가 동네에 살던 그와 충청도에서 대학교 다니던 나를 부모님들이 묶어 주어 결혼을 하게 되었다. 외갓집을 오가던 길을 따라 시집을 갔고 농촌에서 스무 해를 살았다. 큰아이가 고등학교 들어가면서 얼결에 도시로 나왔다. 그리고 지금 나는 이 길을 따라 일터를 오간다.

길가 풀숲 속에 한 점 보랏빛이 선명하다. 작은 나팔꽃을 처음 본 꽃인 듯 들여다보는데, 꽃 옆에 있는 풀잎에 눈이 간다. 작은 잎사귀에 하얀 길이 보인다. 먼지 같은 벌레 한 마리가 살다간 흔적이다. 박음질하듯 꾹꾹 누른 발자국, 작은 세상을 참 멀리도 걸었다.

눈물을 삼키느라 눈앞이 흐렸을까. 어두운 길모퉁이에 앉아 밤을 새웠나, 제자리를 뱅뱅 맴돌기도 하고 가다가 되돌아간 자국도 있다. 그래도 꿋꿋이 발자국 남기며 살다가 태양을 향해 걸어간 손바닥 위의 길을 본다.

세상에 태어난 뒤 내 발자국도 여기저기 많이 찍혔다. 동구 밖에서 술래잡기하며 뛰어놀 때는 아무 걱정이 없었다. 아이들과 토라져도 다음날이면 아무렇지도 않게 다시 어울렸다. 놀다 가면 언제든지 밥을 먹고 잠을 잘 수 있는 집이 있었고 부모님이 있었다. 그 시절의 발자국은 깃털처럼 가벼워서 아마 이 땅에 남아 있지 않을 것이다.

삶의 무게가 얹히며 어른 엄지손가락만 하던 발도 자랐다. 아버지 돌아가실 무렵부터 젖은 내 발자국이 세상에 찍히기 시작했지 싶다. 힘들 때 업혀 갈 수 있는 등을 일찍 잃어버렸으니 그때부터 혼자 걷다가 눈물을 훔치느라 쉬고, 앞이 흐려지면 그 자리에서 맴을 돌았다.

세상물정에 어두워 사는 일이 터덕거렸다. 겨우 한 줌 손에 쥔 것도 생각지 못한 사람한테 빼앗기고 아무 생각 없이 믿었던 사람이 발을 걸어 넘어뜨리기도 했다. 세상 살아가는 수업료를 단단히 치렀다. 주저하고 조마조마하며 살아온 내 길이 작은 잎사귀에 남긴 벌레의 길과 다르지 않았다.

많은 길을 돌고 돌아 이 길에 서 있다. 내가 선택해서 간 길도 있지만 무언가에 이끌리듯 간 길도 있다. 걷다 보면 생각지도 못했던 길에 서기도 한다. 꿈에도 본 적 없는 사람을 만나 결혼을 하고 아이들이 태어났다.

길 위에서 또 다른 사람들을 만난다. 어차피 혼자 걸어야 하는 것이 세상 사는 일이라 해도 사람이 없는 길은 길이 아니다. 사람들과 더러 상처도 주고받지만 어깨도 두드려 주고 서로 등도 기대며 걷는다.

작은 잎사귀에 난 하얀 길을 본다. 먼지 같은 벌레 한 마리가 살다 간 흔적이다. 맴돌고 되돌고 하며 꾹꾹 걸어간 발자국

곁에 함께 걸어준 또 다른 발자국이 있다. 그래서 사는 동안 눈물 젖은 길만 걷지는 않았을 것이다. 작은 세상에 남긴 아름다운 길이다.

전설

　어린것이 울지도 않고 뒤척이지도 않고 밤낮없이 잠을 잤다. 애가 탄 엄마는 느티나무 아랫집에 살던 큰고모에게도 알리고 이리저리 뛰며 수소문을 했다. 사람들이 처방을 내리기를, 아기가 '늘경기'를 하는 것이라며 방 윗목에다 밀쳐두라고 했다. 살아나기도 어렵고 깨어나도 사람 구실을 제대로 못할 것이라는 게 그 이유였다. 동네 의원한테 가서 약을 받아왔지만 좋아지지 않았다. 나는 '늘경기'라는 것이 현대 의학에서는 무엇이라 부르는 병명인지 모른 채 거듭 듣기만 했다.

　어떤 이가 들기름에 재운 봉숭아 벌레가 약이 된다고 했다. 그것을 가지고 있는 노인에게 가서 사정 얘기를 하고 한 종지 얻어다 입에 흘려 넣었다. 뽕나무 벌레가 좋다고도 했다. 엄마는 고모네 뽕나무밭에 한번 가보라고 아버지께 부탁을 했다.

아버지는 벌레가 있을 법한 큰 나무에 손을 대지 못하고 벌레 구멍도 없는 어린 나무 세 그루를 베어다가 쪼갰다. 거기서 벌레 세 마리가 나왔고 지켜본 사람들은 아이가 살아날 징조라고 덕담을 했다. 아이가 깨어났다. 잔병치레는 했지만 크게 걱정 끼치지 않고 자랐다.

아버지가 요양하신다고 강원도에 계실 때이니 대여섯 살쯤이었다. 몇 리 길인지 어머니는 언제나 정확하게 말씀하시지만 건성으로 들은 나는 기억하지 못한다. 만삭이 된 몸으로 짐을 든 어머니를 따라 장에 다녀오는데 아이는 업어달라고 떼도 쓰지 않고 걸었다고 했다. 다음 날 아침에 아이는 일어나다가 그대로 주저앉았다. 어느 날은 개울가에 가서 바가지에 물을 떠오다가 부엉이를 보고 놀라서 큰 눈으로 달려왔다. 이른 봄에 씀바귀를 캐오면 어머니는 된장에 무쳐서 아버지 상에 올렸다. 아버지는 어린 딸의 손을 생각해서 쓴 나물을 맛있게 잡수셨다.

내가 철들 나이가 되자 옛얘기를 하며 속내를 털어놓던 어머니는 요즘 들어 부쩍 더 이야기가 많아지셨다. 나에 대한 이야기뿐만 아니라 살아온 날 구석구석을 캐내는 기억력이 놀랍고 이야기는 지루할 만큼 길어진다. 나는 내 할 일을 다 하며 한 귀로 듣고 한 귀로 흘리면서 말머리를 돌리기도 한다. 그런데 문득 어머니가 들려주는 이야기는 어떤 이가 회고록을 쓰는 것과 다름없는 일이라는 생각이 들었다. 다시 듣지 못할 어머니의 이야기를 귀담아 듣는 것이 내가 할 일이다 싶었다. 그때가 몇 살 때였는지 왜 그랬는지 질문도 해가며 들어야 하는데 마음속에서는 언제나 시간이 없다는 핑계를 댄다.

어머니가 들려주는 이야기들은 전설처럼 흐리다. 그러면서도 머릿속에 삽화가 그려진다. 나무 틈에서 나를 지켜보던 그 눈 큰 부엉이가 또렷이 떠오른다. 맹감 나무 잎을 오므려 물을 떠먹던 웅달샘과 어머니가 따주신 붉은 산딸기가 이야기 갈피 속에서 드러난다. 머리 곱게 빗은 사진 속 어머니의 모습이 가까이 다가오고 눈물 어린 삶이 가슴을 헤집는다. 전설 속의 어머니, 그때 어머니는 젊었어라.

보따리 사랑

 한 주를 시작하는 월요일이 분홍빛이나 하늘색으로 느껴진다면 좋겠다. 굳이 회색까지 들먹일 마음은 없다. 무거운 발걸음에 얼굴조차 굳어지게 하는 걸 보면 조금 어두운 코발트색에 가깝지 않나 싶다. 월요일 아침 사무실 분위기 좀 풀어보려고 소리 높여 인사를 하는데, 재치 있는 이가 시 한 편을 읽어주었다.

 시골 버스 삼백 리 길/ 덜컹거리며/과장으로 승진한 아들네 집에/쌀 한 가마/입석 버스에 실었것다.//읍내 근처만 와도/사람 북적거린다./ 뚱뚱한 할매/울 엄마 닮은 할매/커다란 엉덩이 쌀가마 위에/자리 삼아 앉았것다.//〈이눔우 할매 좀 보소./울 아들 과장님 먹을 쌀가마이 우에/여자 엉덩이 없노? 더럽구로〉/하며 펄쩍 하였것다. 〈아따 별난 할망구 보소./좀 앉으마 어떠노./차도 비잡은데....../내 궁딩이는/과장 서이 낳은 궁딩이다.〉//버스 안이 와그르/한바탕 하하하....../사람 사는 재미가 이런 것이렸것다.//

(민담 3. 과장님 먹을 쌀. 류근삼)

우리도 한바탕 웃으며 찬 기운을 몰아냈다. 그리 멀지 않은 시절, 그러니까 택배와 자가용이 지금처럼 많지 않았을 때, 역이나 버스 정류장마다 보따리를 머리에 이거나 손에 든 할머니들이 참 많았다. 젊은이들이 그냥 스쳐지나가기 민망할 정도였다. 늙으신 어머니들이었을 것이다. 짐을 가지고 연방 두리번거리며 길을 묻고, 누군가를 기다리다 만나서 가곤 했다.

그 울퉁불퉁하던 보따리 속에 무엇이 들어 있었는지 지금은 알 수 있다. 농사지은 쌀과 곡식도 있었겠지만 주로 참기름, 깨, 고춧가루 따위의 양념이거나 제철 푸성귀와 시골 밑반찬이 자리 잡고 있었을 것이다. 한 가지라도 더 넣어보려고 꾹꾹 다지며 보따리를 여몄을 터이다.

시집살이하는 딸에게 오는 어머니 손에도 늘 불룩한 보따리나 가방이 들려 있었다. 보따리 속 물건도 시간의 흐름에 따라 바뀌었다. 새각시 때는 바늘쌈, 색실, 고무줄 사이에 내가 좋아하는 밑반찬이 살짝 들어 있었다. 양쪽 발에 실타래를 걸고 한참을 풀어 감았을 무명 실꾸리도 여러 개 있었다. 아이들이 태어나자 색깔 고운 머리핀, 옷, 양말, 장난감을 가져오셨다. 가끔 사위의 티셔츠가 있었으며 사돈 양주의 입막음용 사탕은 필수품이었다. 그리고 약장수 구경 갔다가 사온 희한한 물건이 있을 때는 자세한 용도와 사용법 설명을 덧붙이셨다.

딸과 달리 도시에 사는 어머니는 애틋함을 보따리보따리 싸매 두었다가 한 번씩 풀어놓는 것이었다. 자식 생각이 한시도 마음속에서 떠나지 않았다는 것을 알 수 있었다. 어머니가 낳은 딸과 그 딸이 낳은 아이들이 보따리를 놓고 둘러앉아 내 것, 네 것 챙기며 웃고 환호를 하기도 했다. 어느 때는 어머니를 보자마자 보따리부터 챙기는 척하면 어머니도 웃으셨다. 아이들은 커가고 어머니는 늙어 보따리가 점점 가벼워졌다. 어머니는 갈수록 나들이를 번거로워하신다. 오랜만에 오신다기에 애들 양말도 없고 내 스타킹도 다 떨어졌다고 엄살을 했다.

그러고 보니 아주 오래전부터 어머니의 보따리에 익숙해 있었다. 어렸을 적에 장에 다녀오신 어머니의 보따리를 풀어보던 즐거움이 떠오른다. 그 안에서 철 따라 좋아하던 과일이라도 굴러 나오면 나를 위해 사온 것임을 알고 행복했었다. 어머니의 몸속 보따리 속에서 고이고이 키워 세상을 보게 하신 것은 더 오래된 인연이다. 자식을 기르며 숱한 가슴앓이를 싸매고 싸안으면서 힘든 내색하지 않은 것은 잴 수 없는 큰 사랑이다.

처음엔 어머니도 평면인 보자기처럼 맘껏 펄럭일 수 있는 사람이었다. 어머니가 되는 순간부터 보자기 끝을 여미듯 자신을 묶어서 안으로 가두었다. 그리고 자식을 위해 끝없이 보따리를 꾸리고 풀어내는 어머니로 살았다.

도시로 나와 살게 되자 시어머니의 보따리를 받게 되었다. 아욱 한 줌, 간장, 호박 잎, 삶은 시래기, 찐 밤 한 봉지…. 가끔 목이 메기도 한다. 시어머니도 어머니라는 당연한 사실이 보따리 앞에서야 사무치게 느껴지다니.

세상이 변하면서 모정도 예전과는 달라졌다. 나부터도 적당히 이기적인 엄마가 되었다. 그때마다 무조건 주기만 하던 우리들의 어머니를 떠올리지만 그러기엔 아는 게 많고, 계산이 빠르다. 그래도 아이들에게 자꾸자꾸 주고 싶은 마음을 감출 수는 없다. 나도 아이들에게 무언가를 싸맨 보따리를 건네주며 또다시 어머니의 사랑을 추억해 내겠지. 어머니의 사랑은 세월이 가도 변하지 않는 보따리 사랑이다.

진명이와 고양이

아이들은 강아지나 고양이를 한 마리 키우자고 성화다. 나는 번번이 못 들은 체하거나 위생상 안 좋다거니 건사하기가 신경 쓰인다는 핑계를 댄다.

나도 강아지를 포대기에 싸서 업고 다녔던 기억이 있긴 하다. 살아 움직이는 어리고 귀여운 동물은 사랑스럽다. 더구나 사람과 감정을 교류할 수 있음에랴. 점점 애완동물을 기르는 사람들이 늘고 있지 않은가. 그렇지만 아이들이 방에서 함께 뒹굴고 입맞추는 것을 부드럽게 봐줄 수 없을 듯하다. 털이 날리고 옷에 붙는 것도 싫고 혹시 나쁜 기생충을 옮길까 걱정도 되는데 아이들은 포기하지 않고 그 얘기를 하는 것이다.

그러다가 집에서 기르던 누렁이를 팔았을 때, 며칠을 울고 울었던 내가 차갑고 계산적인 어른이 되었는가 싶어 반승낙을 했다. 이웃집의 예쁜 개가 새끼를 낳으면 꼭 한 마리 얻어 오겠 노라고.

요즘 들어 마을에 부쩍 도둑고양이가 많아졌다. 어쩌다 주인 잃고 거처도 없이 동네를 활보하는지 모르지만 매인 고양이들보다 훨씬 생기 있고 자유로운 모습으로 산다. 어머니께서 광에 쥐가 끓자 생선 가시를 모아 광 안이나 문 앞으로 도둑고양이들을 유인하셨다. 그 덕에 어느 집보다 많은 고양이를 확보하였는데 사람이 가까이 가면 잽싸게 달아났다.

시간이 흐르고 낯이 익어가자 제일 예쁘게 생긴 고양이 한 마리가 눈에 띄었다. 특이하게도 그놈만은 우리 식구의 손을 두려워하지 않았다. 오히려 집 주변에서 서성이다가 우리가 나가면 알은체하고 따라다녔다. 일하는 텃밭에 따라와 비비고 뒹굴기도 했다.

다른 고양이는 뜨내기였지만 그 고양이는 우리 집에 자리를 잡고 살기 시작했다. 겨우내 비닐하우스 헌 이불 속에서 자고 볏짚 무더기 속에서 새끼를 낳아 길렀다. 이때다, 싶었던지 아이들은 그 고양이에게 온통 사랑과 정성을 쏟았다. 서로 생선 가시를 모아 주려고 다투었다. 다른 고양이는 주지 말고 꼭 '메리(아이들이 붙인 고양이 이름)'만 주라고 부탁했고 한 번이라도 더 안아보고 싶어 어쩔 줄을 몰라 했다.

특히 여섯 살 난 아들의 관심은 각별하다. 그런데 안타깝게도 그 고양이는 아들녀석을 싫어한다. 가만 눈치를 보니 저를

상당히 귀찮게하고 괴롭힌다 여기는 모양이다. 우리 식구 중 저를 제일 사랑하고 아끼는 사람인 것을 모르다니.

며칠 전이었다. 고양이가 문 밖에서 야옹거리며 서성이자 "할머니, 메리가 너만 밥 먹고 나는 맛 있는 것 안 줄 거야?" 한다며 고양이 먹일 것을 달라 했다. 할머니께서 일부러 생선 가시를 발라 주시자 그것을 들고 메리에게 달려간 녀석이 잠시 후 울며 들어왔다. 손을 보니 발톱에 할퀴어서 빠끔빠끔 피가 나고 있었다. 신문지에 싼 가시를 주기도 전에 뛰어오르며 할퀴었다고 설명을 하였다. 약을 발라 주시는 할머니께 눈물을 훔치며 한마디 말만 되풀이했다.

"주인도 모르고….'"

"주인도 모르고…,"

상처가 아물자 이제 녀석은 고양이를 적당히 경계하며 접근을 하는 듯하다. 오늘 아침에도 먹을 것을 들고 내의 바람으로 나가서 "메리, 메리." 부르자 그 놈이 나타났다. 창가에서 지켜보니 먹이를 얼른 내려놓고 잠시 섰다가 "나는 추워서 들어간다. 잘 먹어라." 하고는 뒤도 안 돌아보고 들어왔다. 하지만 주인도 몰라보는 그 고양이가 보이면 두 눈을 반짝이며 여전히 얼굴 가득 환한 웃음이 햇살처럼 번진다.

이상하고 아름다운 세상

 알라딘의 램프 속에는 거인 요정이 산다. 부르면 언제든지 나와서 무슨 부탁이든지 다 들어준다. 도깨비 나라에서 가져온 방망이도 두드리면 원하는 것을 가져다준다. 인간은 오래 전부터 상상하고 불가능을 꿈꾸는 습성을 가지고 있었다. 그래서 끊임없이 새로운 것을 만들어 펼쳐냈고 인간의 눈은 드넓은 우주 공간까지 보게 되었다.

 전화기 번호판 몇 개를 눌러서 그를 부르면 흥얼거리는 노래 너머에서 그 사람이 온다. 목소리만 듣는 게 아니라 얼굴까지 보며 통화할 수 있다. 곤란한 상황에서 거짓말을 할 여지가 없어지는 단점도 있다.

 엽서를 써서 짧게 마음을 전했지만 이제는 문자 메시지를 만들어 가볍게 날린다. 눈 깜짝할 사이에 날아가 그의 마음에

꽂히기도 하고 내 마음에 내려앉기도 한다. 눈에 보이지 않는 수많은 말과 마음이 공중을 날아다니고 있다.

편지를 써서 부치고, 그가 받았을 날과 답장을 써서 부칠 시간을 계산하며 편지함을 열고 또 열지 않아도 된다. 쓴 편지는 클릭 한 번으로 그에게 간다. 가끔 수신 확인이 되지 않는 그의 마음이 궁금해서 애태우는 일이 있을 뿐이다.

컴퓨터라는 물건으로 아주 많은 일을 할 수 있다. 사이버 세상에서는 원한다면 동화 속의 주인공처럼 큰 부자가 되기도 하고 이상형의 여자와 다시 결혼도 할 수 있다. 궁금한 것을 물어보면 척척 알려주고 복잡한 절차를 거쳐야 하는 일도 간단하게 처리해 준다. 친구가 없어도 심심하지 않다.

노래, 영화, 문학 작품 감상뿐만 아니라 수다까지도 다 해결이 된다. 이렇게 신기한 일들이 어떤 과학적인 원리에 의해 이루어지는지 도무지 알 수 없다. 겨우 뒤쫓아 익혀서 편리하게 이용할 뿐이다.

열네 살 때 시력을 잃었다가 이십칠 년 만에 다시 세상을 본 사람이 있었다. 갈망했던 한 줄기 빛이 눈으로 새어든 순간 처음 본 것이 아내와 아이들 얼굴이었다. 그들이 너무 고와서 눈물이 났다고 말했다. 길을 가다가 하늘이 예뻐서 멍하니 바라볼 때가 있다고 했다. 바람에 흔들리는 대나무와 날아가는 새, 세차게 몰아치는 눈보라도 아름답고 신기하다고 했다.

그리고 조용한 마을을 휩쓸고 간 땅 투기 광풍 같은 세상일과 영등포역에서 본 노숙자들, 낯설고 흉흉한 인심이 무섭다고 했다. 그러나 그는 불가능한 소망을 이루었기에 희망을 안다고 했다. 간절히 바라면 이뤄진다는 것을.

세상은 눈에 보이는 것과 보이지 않는 것이 공존한다. 아름다운 것과 추한 것이 함께 있다. 세찬 변화의 물살에 휩쓸릴 때일수록 눈에 보이는 것만 믿게 된다. 아름다운 것도 겉에서만 찾기 쉽다. 소용돌이 속에서 희망을 찾기는 더욱 힘들다.

맹인 가수 '이용복'이 멈출 수 없는 것 중 하나가 다시 한 번 세상을 보고 싶은 생각이라고 했다. 그가 힘 있는 목소리로 밝게 노래하고 재미있는 이야기도 했지만 말 한마디에 깊은 아픔이 담겨서 전해져 왔다. 그런데 나는 '보기 싫다.'고 생각하고 말한 적이 많다. 보기 싫은 사람도 있고 세상을 등지고 살고 싶을 때도 있다. 물론 보고 돌아서면 또 보고 싶은 사람이 있고 언제 보아도 행복해지는 것들도 있다.

참 이상하고도 아름다운 세상이다. 이 세상에 태어나 두 눈 뜨고 살고 있으니 감사하며 살 일이다. 이상한 일들 속에서 아름다움도 찾고 희망도 찾아 나누면서 이꼴 저꼴 다 보며 살 일이다.

■ 연보

1964년 경남 함양 출생(아버지 한봉록, 어머니 박우영)
1977년 부산 금사초등학교 졸업
1983년 대전 충남여자고등학교 졸업
1984년 충북대학교 국어국문학과 입학 · 자퇴
1985년 결혼(남편 김순기, 진희, 진호, 진명)
2001년 전북일보 신춘문예 수필 당선
2002~2009년 글쓰기, 논술 지도
2009년 수필집 ≪빈들에 서 있는 지게 하나≫ 출간
2011년 방송통신대학교 국어국문학과 졸업
2011년~ ≪수필과비평≫ 편집장
2014년 우석대학교 한국어지도학과 석사
2015년~ 전북대학교 평생교육원 수필창작반 출강
2015년 아르코 문학창작기금 수혜
2016년 수필집 ≪더듬이≫ 출간

현대수필가 100인선Ⅱ · **77**
한경선 수필선
바위취가 엿들은 말

초판 인쇄 2016년 12월 1일
초판 발행 2016년 12월 10일

지은이 한경선
펴낸이 서정환
펴낸곳 수필과비평사 · 좋은수필사
주소 서울시 종로구 삼일대로 32길 36(운현신화타워 빌딩) 305호
전화 02)3675-5635, 063)275-4000 팩스 063)274-3131
등록 제 300-2013-133호
이메일 sina321@hanmail.net essay321@hanmail.net

저작권자 ⓒ2016, 한경선
이 책의 저작권은 저자에게 있습니다. 서면에 의한 저자의 허락없이
내용의 일부를 인용하거나 발췌하는 것을 금합니다.

저자와 협의, 인지는 생략합니다
잘못된 책은 바꿔 드립니다

ISBN 979-11-5933-069-8 04810
ISBN 979-11-85796-15-4 (전100권)

값 7,000원

이 도서의 국립중앙도서관 출판예정도서목록(CIP)은 서지정보유통지원
시스템 홈페이지(http://seoji.nl.go.kr)와 국가자료공동목록시스템
(http://www.nl.go.kr/kolisnet)에서 이용하실 수 있습니다.(CIP제어
번호: CIP2016028978)